明文堂編輯部 校閱

詳密註釋 通鑑諺解

【卷之十二】

明文堂

詳密註釋 通鑑諺解【卷之十一】目次

詳密註釋 通鑑諺解卷之十一

唐紀

太宗皇帝上 (名世民高祖次子) 在位二十三年

壽五十二 (除隋之亂比迹湯武致治之美庶幾成康自古功德兼隆由漢已來未之有也惜其始尙功名而不及禮樂父子兄弟之間慙德多矣)

(丁亥)貞觀元年이라正月에上이宴群臣ᄒᆞ실ᄉᆡ奏秦王破陳樂이어ᄂᆞᆯ (王氏曰太宗爲秦王時破劉武周軍中作此樂曲舞用樂工百二十八人破銀甲執戟而舞後更號神功破陳樂貞觀七年更名七德舞蓋取左傳武有七德之義) (貞觀者以周易系辭云天地之道貞觀者也) 上이曰朕이昔에受委專征ᄒᆞ실ᄉᆡ民間에遂有此曲ᄒᆞ니雖非文德之雍容이나然이나功業을由玆而成ᄒᆞ니不敢忘本이로다封德彝ㅣ曰陛下ㅣ以神武로平海內ᄒᆞ시니豈文德之足比리잇고上이曰戡亂以武ᄒᆞ고守成以文이라文武之用이各隨其時니卿이謂文不及武는斯言이過矣로다德彝ㅣ頓首謝ᄒᆞ다 (出禮樂志)

貞觀元年이라正月에上이群臣을宴ᄒᆞ실ᄉᆡ秦王의破陳樂을奏ᄒᆞ거ᄂᆞᆯ上이曰朕이昔

에委를受ᄒᆞ야專征ᄒᆞᆯ시民間에드듸여此曲이有ᄒᆞ니비록文德의雍容은아니나然이나功業을玆로由ᄒᆞ야成ᄒᆞ니敢히本을忘치안노라封德彝ㅣ글오ᄃᆡ陛下ㅣ神武로써海內를平ᄒᆞ시니읏지文德으로足히比ᄒᆞ리잇고上이曰亂을戡ᄒᆞᆷ은武로써ᄒᆞ고成을守ᄒᆞᆷ은文으로써ᄒᆞᆷ이라文武의用이각각그時를隨ᄒᆞᆷ이니卿이文이武에及지못ᄒᆞ다謂ᄒᆞᆷ은이言이過ᄒᆞ도다德彝ㅣ首를頓ᄒᆞ야謝ᄒᆞ다

制ᄒᆞ대自今으로中書門下와及三品以上이入閤議事에 (唐制天子御便殿百官入見曰入閤) **皆命諫官隨之가라有失이어든輒諫ᄒᆞ라** (出王珪傳)

制ᄒᆞ되今으로부터中書門下와밋三品以上이閤에入ᄒᆞ야事를議ᄒᆞᆷ에다諫官을命ᄒᆞ야隨ᄒᆞ다가失이有ᄒᆞ거든믄득諫ᄒᆞ라

上이命吏部尙書長孫無忌等ᄒᆞ야與學士法官으로更議定律令ᄒᆞ서寬絞刑五十條ᄒᆞ야爲斷右趾ᄒᆞ고 (斷截也趾足也) **上이猶嫌其慘曰肉刑을廢已久ᄒᆞ니宜有以易之니라裴弘이獻請ᄒᆞ대改爲加役流ᄒᆞ야** (謂流配而加以役作也) **流三千里ᄒᆞ야居作三年ᄒᆞ노이다詔從之ᄒᆞ다**

上이吏部尙書長孫無忌等을命ᄒᆞ야學士法官으로더부러다시律令을議定ᄒᆞᆯ시絞刑五十條를寬ᄒᆞ야右趾를斷ᄒᆞ고上이오히려그慘을嫌ᄒᆞ야曰肉刑을廢ᄒᆞᆫ지已久

流三千里遣之遠去如水之流也.

호니맛당이써易홀지니라裴弘이獻請호딕改호야役流를加호야三千里에流호야
三年을居作호게호겟노이다詔호야從호다

上이以兵部郎中戴胄로忠清公直이라호야擢爲大理少卿호다

上이兵部郎中戴胄로써忠清公直호다호야擢호야大理少卿을숨다

上이以選人으로多詐冒資蔭이라호야敕令自首호고(首舒救反有罪自陳也) 不首者는死리니
未幾에有詐冒事ㅣ覺者어늘上이欲殺之호대胄ㅣ奏호대據法應流이니다
上이怒曰卿이欲守法而使朕으로失信乎아 對曰敕者는出於
一世之喜怒오法者는國家ㅣ所以布大信於天下也라 陛下ㅣ
忿選人之多詐故로欲殺之라가而既知其不可호고 復斷之以法호면
此는乃忍小忿而存大信也니이다 上이 曰卿能執法호니 朕復何
憂리오 胄ㅣ前後에犯顔執法호야言如涌泉이여늘上이 皆從之호니天下에
無冤獄이러라 (出胄本傳)

土이選人으로써詐冒資蔭이多호다호야敕호야호야금自首케호고首치안는者는
死케호엿더니未幾에詐冒事ㅣ覺호者ㅣ有호거늘上이殺코자호딕胄ㅣ奏호딕法

에據ᄒᆞ야應하流ᄒᆞᆯ지니이다上이怒ᄒᆞ야日卿이法을守ᄒᆞ고朕으로ᄒᆞ여곰信을失케ᄒᆞ고자ᄒᆞ나냐對ᄒᆞ야日赦이란者ᄂᆞᆫ一世의喜怒에出홈이오法이란者ᄂᆞᆫ國家ㅣ써大信을天下에布ᄒᆞᄂᆞᆫ바라陛下ㅣ選人의多詐홈을忿히역인故로殺코자ᄒᆞ다가임이그不可홈을知ᄒᆞ고다시法으로써斷ᄒᆞ면此ᄂᆞᆫ이에小忿을忍ᄒᆞ고大信을存홈이니이다上이日卿이能히法을執ᄒᆞ니朕이다시何를憂ᄒᆞ리오胄ㅣ前後에顔을犯ᄒᆞ고法을執ᄒᆞ야言이湧泉과如ᄒᆞ거ᄂᆞᆯ上이다從ᄒᆞ니天下에寃獄이無ᄒᆞ더라

上이令封德彝로擧賢ᄒᆞ니久無所擧어ᄂᆞᆯ上이詰之ᄒᆞᆫ대對曰非不盡心이나但於今에未有奇才耳니다上이曰君子ㅣ用人이如器ᄒᆞ야各取所長이니古之致治者ㅣ豈借才於異代乎아正患己不能知언정安可誣一世之人이리오德彝ㅣ慙而退ᄒᆞ다 出貞觀政要

上이封德彝로ᄒᆞ야금賢을擧ᄒᆞ라ᄒᆞ니오리擧ᄒᆞᄂᆞᆫ바ㅣ無ᄒᆞ거ᄂᆞᆯ上이詰ᄒᆞᆫ듸對ᄒᆞ야日心을盡치아임이안니나但今에奇才가有치아ᄂᆞ니다上이日君子ㅣ人을用홈이器와如ᄒᆞ야各히長ᄒᆞᆫ바를取ᄒᆞᆯ지니古의治를致ᄒᆞᆫ者ㅣ엇지才를異代에借ᄒᆞ랴正이己가能히知치못홈을患ᄒᆞᆯ지언정엇지可히一世의人을誣ᄒᆞ리오德彝ㅣ慙ᄒᆞ야退ᄒᆞ다

〔貪冒〕々貪也

右驍衛大將軍長孫順德이 受人餽絹이라가 事覺이어늘 上이 曰順德이 果能有益國家ㅣ된 朕이 與之共有府庫耳니 何至貪冒如是乎아 猶惜其有功ᄒᆞ야 不之罪ᄒᆞ고 但於殿庭에 賜絹數十匹ᄒᆞᆫ대 大理少卿胡演이 曰順德이 枉法受財ᄒᆞ니 罪不可赦어늘 奈何復賜之絹이니잇고 上이 曰彼有人性이면 得絹之辱이 甚於受刑이오 如不知愧ㅣ면 一禽獸耳니 殺之何益이리오 出順德本傳

右驍衛大將軍長孫順德이 人의餽絹을受ᄒᆞ얏다가事覺ᄒᆞ엿거늘上이曰順德이과연能히國家에益ᄒᆞᆷ이有ᄒᆞᆯ진ᄃᆡ朕이더부러ᄒᆞᆫ가지府庫를有ᄒᆞᆯ지니엇지貪冒에至ᄒᆞᆷ이是와如ᄒᆞ랴猶히其有功ᄒᆞᆷ을惜하야罪치아니ᄒᆞ고但히殿庭에셔絹數十匹을賜ᄒᆞᆫᄃᆡ大理少卿胡演이曰順德이法에枉ᄒᆞ야財를受ᄒᆞ니罪가可이赦치못ᄒᆞᆯ깃거늘奈何로다시絹을賜ᄒᆞ나잇고上이曰彼가人의性이有ᄒᆞ면絹을得ᄒᆞᆫ辱이刑을受ᄒᆞ니보담甚ᄒᆞᆯ것이오만일愧ᄒᆞᆷ을知치못ᄒᆞᆯ진ᄃᆡᆫ禽獸니殺ᄒᆞᆫ들무엇이益ᄒᆞ리오

初에 隋末喪亂ᄒᆞ니 豪傑이 並起ᄒᆞ야 擁衆據地ᄒᆞ고 自相雄長이러니 唐興에 相帥來歸어늘 上皇이 爲之割置州縣ᄒᆞ야 以寵祿之ᄒᆞ니 由是로 州

少好方矢 目喩治道 比而賦也 也

縣之數ㅣ倍於開皇大業之間이어늘 上이 以民少吏多로 思革其弊ᄒᆞ야 二月에 命大加併省ᄒᆞ되 因山川形便ᄒᆞ야 分爲十道ᄒᆞ니 一曰關內오 二曰河南이오 三曰河東이오 四曰河北이오 五曰山南이오 六曰隴右오 七曰淮南이오 八曰江南이오 九曰劍南이오 十曰嶺南이라 出地理志

初에 隋末에 喪亂ᄒᆞ니 豪傑이 並起ᄒᆞ야 衆을 擁ᄒᆞ야 地를 據ᄒᆞ고 스ᄉᆞ로셔로 雄長이라ᄒᆞ더니 唐이 興ᄒᆞ미 셔로 帥ᄒᆞ야 來歸ᄒᆞ거ᄂᆞᆯ 上皇이 爲ᄒᆞ야 割ᄒᆞ여 州縣을 置ᄒᆞ야써 寵祿ᄒᆞ니 是로 由ᄒᆞ야 州縣의 數ㅣ 開皇大業의 間보다 倍가 되거ᄂᆞᆯ 上이 民이 少ᄒᆞ고 吏가 多ᄒᆞᆷ으로써 그 弊를 革ᄒᆞ기 思ᄒᆞ야 二月에 命ᄒᆞ야 大히 더 省을 併호ᄃᆡ 山川形便을 因ᄒᆞ야 分ᄒᆞ야 十道를 삼으니 一은 曰關內오 二ᄂᆞᆫ 曰河南이오 三은 曰河東이오 四ᄂᆞᆫ 曰河北이오 五ᄂᆞᆫ 曰山南이오 六은 曰隴右오 七은 曰淮南이오 八은 曰江南이오 九ᄂᆞᆫ 曰劍南이오 十은 曰嶺南이러라

上이 謂太子少師蕭瑀曰 朕이 少好弓矢ᄒᆞ야 得良弓十數ᄒᆞ야 自謂無以加러니 近에 以示弓工ᄒᆞ니 乃曰皆非良材라ᄒᆞ야ᄂᆞᆯ 朕이 問其故ᄒᆞᆫᄃᆡ 工이 曰木心이 不直則脈理ㅣ 皆邪ᄒᆞ니 弓雖勁이나 而發矢不

直이라ᄒᆞ야늘 朕이 始寤曩者에 辨之未精也로라 朕이 以弓矢로 定四方호대 識之猶未能盡이어든 況天下之務를 其能偏知乎아 乃命京官五品以上이 更宿中書內省ᄒᆞ고 數延見에 問以民間疾苦와 及政事得失ᄒᆞ다 出貞觀政要

上이太子少師蕭瑀더러謂ᄒᆞ야曰朕이少로弓矢를好ᄒᆞ야良弓十數를得ᄒᆞ야自謂호ᄃᆡ써加홀것이無ᄒᆞ리라ᄒᆞ엿더니近에써弓工에게示ᄒᆞ니이에曰다良材가아니라ᄒᆞ야늘朕이其故를問ᄒᆞᆫᄃᆡ工이曰木心이直지못ᄒᆞᆫ즉脉理가다邪ᄒᆞ니弓이비록勁ᄒᆞ나矢ㅣ發홈이直지못ᄒᆞ다ᄒᆞ거늘朕이비로소曩者에辨홈이精치못홈을寤ᄒᆞ얏노라朕이弓矢로써四方을定호ᄃᆡ識홈이오히려能이盡치못ᄒᆞ거든ᄒᆞ물며天下의務를그能이偏知ᄒᆞ랴이에命ᄒᆞ야京官五品以上이中書內省에更宿ᄒᆞ고자조延見홈에民間에疾苦와밋政事의得失로써問ᄒᆞ다

有上書請去佞臣者어늘 上이 問佞臣이 爲誰오 對曰臣居草澤ᄒᆞ야 不能灼知其人ᄒᆞ니 願陛下는 與羣臣言에 或陽怒以試之ᄒᆞ야 彼ㅣ 執理不屈者는 直臣也오 畏威順旨者는 佞臣也니이다 上이 曰君은

源也오臣은流也라濁其源而求其流之清이면不可得矣니君自爲詐ᄒᆞ고何以責臣下之直乎아朕이方以至誠으로治天下라見前世帝王이好以權譎小數로(譎古穴反詭詐也)接其臣下者ᄒᆞ고常竊耻之ᄒᆞ노니卿策이雖善이나朕不取也ᄒᆞ노라

書를上ᄒᆞ야佞臣을去ᄒᆞ기를請ᄒᆞᄂᆞᆫ者ㅣ有ᄒᆞ거늘上이問호ᄃᆡ佞臣이誰가되ᄂᆞᆫ고對ᄒᆞ야曰臣이草澤에居ᄒᆞ야能히其人을灼知치못ᄒᆞ니願컨ᄃᆡ陛下ᄂᆞᆫ群臣으로더부러言ᄒᆞᆷ에或陽怒ᄒᆞ야써試ᄒᆞ야彼ㅣ理를執ᄒᆞ야屈치안ᄂᆞᆫ者ᄂᆞᆫ直臣이오威를畏ᄒᆞ야旨를順하ᄒᆞᄂᆞᆫ者ᄂᆞᆫ佞臣이니이다上이曰君은源이오臣은流라그源을濁ᄒᆞ고그流의清을求ᄒᆞ면可히得지못ᄒᆞ리니君이ᄉᆞᄉᆞ로詐를ᄒᆞ고웃지써臣下의直ᄒᆞᆷ을責ᄒᆞ랴朕이바야로至誠으로써天下를治ᄒᆞᄂᆞᆫ지라前世에帝王이好히權譎小數로써그臣下를接ᄒᆞᆫ者를見ᄒᆞ고常히그욱이恥ᄒᆞ노니卿의策이비록善ᄒᆞ나朕이取치안노라

上이與侍臣으로論周秦脩短ᄒᆞᆯ새蕭瑀ㅣ對曰紂ㅣ爲不道어늘武王이征之ᄒᆞ고周及六國이無罪어늘始皇이滅之ᄒᆞ니得天下ㅣ雖同이나失人

心則異니다上이曰公은知其一이오未知其二로다周得天下에增修仁義ᄒᆞ고秦得天下에益尙詐力ᄒᆞ니此ㅣ修短之所以殊也니蓋取之엔或可以逆이나得而守之에不可以不順故也니라瑀ㅣ謝不及ᄒᆞ다 出蕭瑀本傳

上이侍臣으로더부러周秦의修短을論ᄒᆞᆯ시蕭瑀ㅣ對ᄒᆞ야曰紂ㅣ不道ᄒᆞ거ᄂᆞᆯ武王이征ᄒᆞ고周와밋六國이罪가無ᄒᆞ거ᄂᆞᆯ始皇이滅ᄒᆞ니天下를得ᄒᆞᆷ이비록同ᄒᆞ나人心을失ᄒᆞᆷ인즉異ᄒᆞᄂᆞ니다上이曰公은其一만知ᄒᆞ고其二ᄂᆞᆫ知치못ᄒᆞᄂᆞᆫ도다周가天下를得ᄒᆞᆷ의仁義를增修ᄒᆞ고秦이天下를得ᄒᆞᆷ에詐力을益尙ᄒᆞ니此ㅣ修短의써殊ᄒᆞᆫ비니뎌져取ᄒᆞᆷ엔或可히逆으로써ᄒᆞ나得ᄒᆞ야守ᄒᆞᆷ엔可히써順치안이치못ᄒᆞᆯ故니라瑀ㅣ及지못ᄒᆞᆷ을謝ᄒᆞ다

上이問公卿以享國長久之策ᄒᆞᆫᄃᆡ蕭瑀ㅣ曰三代ᄂᆞᆫ封建而久長ᄒᆞ고秦은孤立而速亡이니이다上이以爲然ᄒᆞ야於是에始有封建之意ᄒᆞ다

上이公卿다려國을享ᄒᆞᄂᆞᆫ長久의策으로써問ᄒᆞᆫᄃᆡ蕭瑀ㅣ曰三代ᄂᆞᆫ封建ᄒᆞ야久長

ᄒᆞ고秦은孤立ᄒᆞ야速亡ᄒᆞᆷ이니이다上이써然ᄒᆞ다ᄒᆞ야이에비로소封建의意가有ᄒᆞ다

九月에 中書令宇文士及이 罷爲殿中監ᄒᆞ고 御史大夫杜淹이 參豫朝政ᄒᆞ니 他官이 參豫政事ㅣ 自此始라 出本紀及百官志

九月에中書令宇文士及이罷ᄒᆞ야殿中監이되고御史大夫杜淹이朝政에參豫ᄒᆞ니他官이政事에參豫ᄒᆞᆷ이此로부터始ᄒᆞ니라

帝ㅣ益親魏徵ᄒᆞ니 徵이 自以爲不世遇ᄒᆞ야 乃展盡底蘊ᄒᆞ니 凡二百餘奏ㅣ 無不剴切當帝心者ㅣ러니 或이 告徵이 私其親戚이라ᄒᆞᆫ대 上이 使御史大夫溫彦博으로 按之ᄒᆞ니 無狀이라 彦博이 言於上曰 徵이 不存形迹ᄒᆞ야 遠避嫌疑ᄒᆞ니 心雖無私나 亦有可責이니이다 上이 令彦博으로 讓徵ᄒᆞ고 且曰自今으로 宜存形迹ᄒᆞ라

剴切註剴音慨近也

帝ㅣ더욱魏徵을親ᄒᆞ니徵이스스로써不世의遇ㅣ라ᄒᆞ야이에底蘊을展盡ᄒᆞ니凡二百餘奏ㅣ剴切ᄒᆞ야帝心에當치아님이無ᄒᆞ더니或이徵이其親戚을私ᄒᆞᆫ다告ᄒᆞ야ᄂᆞᆯ上이御史大夫溫彦博으로ᄒᆞ야곰按ᄒᆞ니狀이無ᄒᆞᆫ지라彦博이上에게言ᄒᆞ야

曰徵이形迹을存치아니ᄒᆞ야嫌疑를遠避ᄒᆞ니心은비록私가無ᄒᆞ나또ᄒᆞᆫ可히責ᄒᆞᆯ
것이有ᄒᆞ니라이다上이彥博으로ᄒᆞ야곰徵을讓ᄒᆞ고또ᄀᆞᆯᄋᆞ되今으로부터맛당이
形迹을存ᄒᆞ라

他日에徵이入見ᄒᆞᆯ서言於上曰臣은聞君臣이同心을是謂一體니
宜相與盡誠이라若上下ㅣ但存形迹則國之興喪을尚未可
知니臣이不敢奉詔로소이다上이瞿然(瞿居遇反心驚貌)曰吾ㅣ已悔之ᄒᆞ노라徵이
再拜曰臣이幸得奉事陛下ᄒᆞ니願使臣爲良臣이오勿爲忠臣이니이다 君
上이曰忠良이有以異乎아對曰稷契皐陶ㅣ(稷名棄姓姬氏契名薛姓子氏皐陶一作咎繇皆舜臣)
臣이協心ᄒᆞ야俱享尊榮ᄒᆞ니所謂良臣이오龍逄(皮江反)比干이(關龍逄夏桀臣比干殷紂臣皆以忠諫死)
面折廷爭ᄒᆞ야身誅國亡ᄒᆞ니所謂忠臣이니이다上이說ᄒᆞ야賜絹五百匹ᄒᆞ다
(出魏徵傳)

他日에徵이入見ᄒᆞᆯ서上에게言ᄒᆞ야曰臣은聞ᄒᆞ니君臣이心을同히ᄒᆞᆷ을이一體라
謂ᄒᆞᄂᆞ니맛당이서로더부러誠을盡ᄒᆞᆯ지라만일上下ㅣ다만形迹만存ᄒᆞᆫ則國의興
喪을오히려可히知치못ᄒᆞᆯ지니臣은敢히詔를奉ᄒᆞ지못ᄒᆞ리로소이다上이瞿然ᄒᆞ

야曰吾ㅣ임의悔ᄒᆞ얏노라徵이再拜ᄒᆞ야曰臣이다힝히시러곰陛下를奉事ᄒᆞ니願컨ᄃᆡ臣으로ᄒᆞ야곰良臣이라ᄒᆞ고忠臣이라ᄒᆞ지말것이니이다上이ᄀᆞᆯ오ᄃᆡ忠과良이써異ᄒᆞᆷ이有ᄒᆞᆫ야對ᄒᆞ야曰稷과契과皐陶ㅣ君臣이心을協ᄒᆞ야尊榮을俱享ᄒᆞ니謂ᄒᆞᆫ바良臣이오龍逢과比干이面으로折ᄒᆞ고廷에셔爭ᄒᆞ야身이誅ᄒᆞ고國이亡ᄒᆞ니謂ᄒᆞᆫ바忠臣이니이다上이說ᄒᆞ야絹五百匹을賜ᄒᆞ다

上이神采ㅣ英毅ᄒᆞ니羣臣이進見者ㅣ皆失擧措라上이知之ᄒᆞ고每見人奏事에必假以辭色ᄒᆞ야冀聞規諫이러라嘗謂公卿曰人欲自見其形인딘必資明臣이오君欲自知其過ㄴ딘必待忠臣이니苟其君이愎諫自賢ᄒᆞ고(愎弼力反)其臣이阿諛順旨ᄒᆞ야君既失國이면臣豈能獨全이리오如虞世基等이諂事煬帝ᄒᆞ야以保富貴라가煬帝ㅣ既弑에世基等이亦誅ᄒᆞ니公輩ㅣ宜用此爲戒ᄒᆞ야事有得失이어든無惜盡言ᄒᆞ야 出貞觀政要

上이神采가英毅ᄒᆞ니羣臣이進見ᄒᆞᄂᆞᆫ者ㅣ다擧措를失ᄒᆞᄂᆞᆫ지라上이知ᄒᆞ고ᄆᆡ양人의奏事를見ᄒᆞᆷ에반다시辭色으로써假ᄒᆞ야規諫을聞ᄒᆞ기를冀ᄒᆞ더라일즉公卿더러謂ᄒᆞ야曰人이스ᄉᆞ로그形을見코져ᄒᆞᆯ진된반다시明鏡을資ᄒᆞᆯ것이오君이스

ᄉᆞ로其過를知코져ᄒᆞᆯ진ᄃᆡ반다시忠臣을待ᄒᆞᆯ지니진실로그君이愎諫ᄒᆞ야自賢ᄒᆞ고그臣이阿諛ᄒᆞ야旨를順ᄒᆞ야君이임의國을失ᄒᆞ면臣이웃지能히獨히全ᄒᆞᆯ이오虞世基等과如ᄒᆞᆷ이煬帝를諂事ᄒᆞ야써富貴를保ᄒᆞ다가煬帝ㅣ임이弑ᄒᆞᆷ에世基等이ᄯᅩᄒᆞᆫ誅ᄒᆞ니公輩ㅣ맛당이此를用ᄒᆞ야戒를ᄉᆞᆷ아事가得失이有ᄒᆞ거든惜치말고盡言ᄒᆞ라

上이謂公卿曰昔에禹ㅣ鑿山治水而民이無謗讟者ᄂᆞᆫ與人同利故也오秦始皇이營宮室而民이怨叛者ᄂᆞᆫ病人以利己故也라夫靡麗珍奇ᄂᆞᆫ固人之所欲이나若縱之不已則危亡이立至ᄒᆞ리니朕이欲營一殿ᄒᆞ야材用이已具ㅣ나鑒秦而止ᄒᆞ노니王公已下ᄂᆞᆫ宜體朕此意ᄒᆞ라由是로二十年間에風俗이素朴ᄒᆞ야衣無錦繡ᄒᆞ고公私ㅣ富給이러라 (出政要)

上이公卿다려謂ᄒᆞ야曰昔에禹가山을鑿ᄒᆞ고水를治ᄒᆞᆷ에民이謗讟ᄒᆞᄂᆞᆫ者ㅣ無ᄒᆞᆷ은人으로더부러利를同히ᄒᆞᆫ故오秦始皇이宮室을營ᄒᆞᆷ에民이怨叛ᄒᆞᄂᆞᆫ者ᄂᆞᆫ人을病케ᄒᆞ야써己를利케ᄒᆞᆫ故라무릇靡麗와珍奇ᄂᆞᆫ진실로人의欲ᄒᆞᄂᆞᆫ바이나만일縱ᄒᆞ야말지아니ᄒᆞᆫ則危亡이立至ᄒᆞ리니朕이一殿을營ᄒᆞ고자ᄒᆞ야材用이임이具ᄒᆞ

니秦을鑒ᄒᆞ야止ᄒᆞ노니王公己下ᄂᆞᆫ맛당이朕의此意를體ᄒᆞ라是로由ᄒᆞ야二十年
間에風俗이素朴ᄒᆞ야衣에錦繡가無ᄒᆞ고公과私가富給ᄒᆞ더라

上이謂侍臣曰吾ㅣ聞호니西域賈胡ㅣ(賈工土反 商賈之胡)得美珠ᄒᆞ야剖身以藏之ᄒᆞ니라ᄒᆞ니有諸아侍臣이曰有之ᄒᆞ니이다上이曰人이皆知笑彼之愛珠ᄒᆞ고而不愛其身也ᄒᆞ되吏ㅣ受賕抵法과與帝王이徇私欲而亡國者ㅣ何以異於彼胡之可笑耶아魏徵이曰昔에魯哀公이謂孔子曰人이有好忘者ㅣ徙宅而忘其妻ᄒᆞ니라ᄒᆞ니孔子ㅣ曰又有甚者ᄒᆞ니桀紂ㅣ乃忘其身이라ᄒᆞ니亦猶是也니이다上이曰然ᄒᆞ다朕이與公輩로宜勠力相輔ᄒᆞ야庶免爲人所笑也ㅣ라(出鄭公諫錄)

上이侍臣ᄃᆞ려謂ᄒᆞ야曰吾ㅣ聞호니西域賈胡ㅣ美珠를得ᄒᆞ야身을剖ᄒᆞ고ᄡᅥ藏ᄒᆞ
얏다ᄒᆞ니有ᄒᆞᆫ가侍臣이曰有ᄒᆞ니이다上이曰人이다彼의珠만愛ᄒᆞ고身을愛ᄒᆞ
지아니ᄒᆞᆷ을笑ᄒᆞᆯ줄을知ᄒᆞᆯ지로ᄃᆡ吏ㅣ賕를受ᄒᆞ고法에抵ᄒᆞᆫ것과다뭇帝王이私欲을
徇ᄒᆞ야國을亡ᄒᆞᆫ者ㅣ엇지ᄡᅥ彼胡의可笑와異ᄒᆞ리오魏徵이曰昔에魯哀公이孔子에
게謂ᄒᆞ야曰人이好忘ᄒᆞᄂᆞᆫ者ㅣ有ᄒᆞ야宅을徙ᄒᆞ고其妻를忘ᄒᆞ엿다ᄒᆞ니孔子ㅣ曰

또甚ᄒᆞᆫ者ㅣ有ᄒᆞ니桀과紂ㅣ이에其身을忘ᄒᆞᆷ이또ᄒᆞᆫ是와猶ᄒᆞ다ᄒᆞ니이다上이曰然ᄒᆞ다朕이公輩로더브러맛당이勠力ᄒᆞ야서로輔ᄒᆞ야거의人의笑ᄒᆞᄂᆞᆫ바가됨을免ᄒᆞ리라

隋世에選人을十一月에集ᄒᆞ야至春而罷ᄒᆞ니人이患其期促이러니至是ᄒᆞ야吏部侍郎劉林甫ㅣ奏ᄒᆞ야四時聽選ᄒᆞ야隨闕注擬ᄒᆞ니人이以爲便이러라唐初에士大夫ㅣ以亂離之後로不樂仕進ᄒᆞ니官員이不充ᄒᆞ고省符下諸州ᄒᆞ야差人赴選ᄒᆞ니州府及詔使ㅣ多以赤牒으로補官이러니至是ᄒᆞ야盡省之ᄒᆞ고勒赴省選ᄒᆞ니集者ㅣ七千餘人이라林甫ㅣ隨才銓序ᄒᆞ야各得其所ᄒᆞ니時人이稱之러라

隋世에人을選ᄒᆞᆷ을十一月에集ᄒᆞ야春에至ᄒᆞ야罷ᄒᆞ니人이그期가促ᄒᆞᆷ을患ᄒᆞ더니至是ᄒᆞ야吏部侍郎劉林甫ㅣ奏ᄒᆞ야四時로聽選ᄒᆞ야闕을隨ᄒᆞ야注擬ᄒᆞ니人이써便ᄒᆞ다ᄒᆞ더라唐初에士大夫ㅣ亂離의後로써仕進을樂ᄒᆞ지아니ᄒᆞ니官員이充치못ᄒᆞ고符를省ᄒᆞ야諸州에下ᄒᆞ야人을差ᄒᆞ야選에赴케ᄒᆞ니州府와밋詔使ㅣ만이赤牒으로써官을補ᄒᆞ더니是에至ᄒᆞ야다省ᄒᆞ고省選에勒赴ᄒᆞ니集ᄒᆞᆫ者ㅣ七千餘人이라林甫ㅣ才를隨ᄒᆞ야銓序ᄒᆞ야각각그所를得케ᄒᆞ니時人이稱ᄒᆞ더라

詔以關中米貴로 始分人於洛州選ᄒᆞ고 上이 謂房玄齡曰官在得人이오 不在員多ᄒᆞ라ᄒᆞ고 命玄齡ᄒᆞ야 併省留文武ᄒᆞ니 摠六百四十三員이러라 (出選擧傳)

詔ᄒᆞ야關中에米가貴ᄒᆞᆷ으로써비로소人을洛州選에分ᄒᆞ고上이房玄齡다려일너日官은人을得ᄒᆞᆷ에在ᄒᆞᆷ고員이多ᄒᆞᆷ에在ᄒᆞ지안타ᄒᆞ고玄齡을命ᄒᆞ야文武를併히省ᄒᆞ야留ᄒᆞ니摠히六百四十三員이러라

鴻臚卿鄭元璹ㅣ 使突厥이라가 還言於上曰戎狄興衰ㅣ 專以羊馬로 爲候ㅣ러니 今突厥이 民飢畜瘦ᄒᆞ니 此는 將亡之兆也ㅣ라 不過三年이니이다 上이 然之ᄒᆞ니 羣臣이 多勸上ᄒᆞ야 乘間擊突厥이어늘 上이 曰新與人盟而背之는 不信이오 利人之災는 不仁이오 乘人之危ᄒᆞ야 以取勝은 不武ㅣ니 縱使其種落으로 盡叛ᄒᆞ야 六畜이 無餘ㅣ라도 朕終不擊ᄒᆞ고 必待有罪然後에 討之ᄒᆞ리라 (出本傳)

鴻臚卿鄭元璹ㅣ突厥에使ᄒᆞ얏다가還ᄒᆞ야上에게言ᄒᆞ야日戎狄의興衰ㅣ專혀羊

馬로써候를ᄒᆞ더니이제突厥이民이飢ᄒᆞ고畜이瘦ᄒᆞ니此는將亡의兆ㅣ라三年을過치못ᄒᆞᆯ지니이다上이그러이여기니羣臣이만이上을勸ᄒᆞ야間을乘ᄒᆞ야突厥을擊ᄒᆞ라ᄒᆞ거늘上이ᄀᆞᆯᄋᆞ되서로人으로더브러盟ᄒᆞ고背ᄒᆞᆷ은信이아니오人의災를利ᄒᆞᆷ은仁이아니오人의危를乘ᄒᆞ야써勝을取ᄒᆞᆷ은武가아니니비록그種落으로ᄒᆞ야금다叛ᄒᆞ야六畜이餘가無ᄒᆞᆯ지라도朕이맛ᄎᆞᆷ내擊지아니ᄒᆞ고반다시罪가有ᄒᆞᆷ을待ᄒᆞᆫ然後에討ᄒᆞ리라

(明四目)(達四聰) 書註廣四方之視聽

(戊子)二年이라上이問魏徵曰人主ㅣ何爲而明이며何爲而暗고對曰兼聽則明ᄒᆞ고偏信則闇이니다昔에堯ㅣ淸問下民故로有苗之惡이得以上聞ᄒᆞ고舜이明四目達四聰故로共鯀驩苗ㅣ不能蔽也요 諸本作共鯀驩兜誤蔡氏曰共工官名鯀蔡伯名驩兜臣名三苗國名所謂四凶也 秦二世는偏信趙高ㅣ라以成望夷之禍ᄒᆞ고梁武帝 偏信朱异ㅣ라 羊吏反 以取臺城之辱ᄒᆞ고隋煬帝는偏信虞世基ㅣ라以致彭城閣之變ᄒᆞ니是故로人君이兼聽廣納則貴臣이不得壅蔽而下情이得以上通也니다上이曰善타 出本傳

二年이라上이魏徵더러問ᄒᆞ야曰人主ㅣ엇지ᄒᆞ야明ᄒᆞ며엇지ᄒᆞ야暗ᄒᆞᆫ고對ᄒᆞ야

曰兼聽ᄒᆞᆫ則明ᄒᆞ고偏信ᄒᆞᆫ則暗ᄒᆞᄂᆞ니이다昔에堯가淸히下民을問ᄒᆞᆫ故로有苗의惡이시러곰써上에聞ᄒᆞ고舜이四目에明ᄒᆞ고四聰에達ᄒᆞᆫ故로共鯀驩苗ㅣ能히蔽치못ᄒᆞᆷ이오秦二世ᄂᆞᆫ趙高를偏信ᄒᆞ다가써望夷의禍를成ᄒᆞ고梁武帝ᄂᆞᆫ朱异를偏信ᄒᆞ다가써臺城의辱을取ᄒᆞ고隋煬帝ᄂᆞᆫ虞世基를偏信ᄒᆞ다가써彭城閣의變을致ᄒᆞ니이런고로人君이兼聽廣納ᄒᆞᆫ즉貴臣이시러곰壅蔽치못ᄒᆞ고下情이시러곰써上通ᄒᆞᄂᆞ니이다上이曰善타

上이謂ㅣ黃門侍郞王珪曰開皇十四年에 大旱이어ᄂᆞᆯ 隋文帝ㅣ不許賑給ᄒᆞ고而令百姓으로就食山東이러니 比至末年ᄒᆞ야 天下儲積이可供五十年이러니 煬帝ㅣ恃其富饒ᄒᆞ고 侈心無厭ᄒᆞ야 卒亡天下ᄒᆞ니 但使倉庾之積으로足備凶年인된其餘ᄂᆞᆫ何用哉리오 政要 出

上이黃門侍郞王珪ᄃᆞ려謂ᄒᆞ야曰開皇十四年에크게旱ᄒᆞ거ᄂᆞᆯ隋文帝ㅣ賑給을許치안코百姓으로ᄒᆞ야곰山東에就食ᄒᆞ게ᄒᆞ더니末年에比至ᄒᆞ야天下儲積이可히五十年을供ᄒᆞᆯ지라煬帝ㅣ그富饒ᄒᆞᆷ을恃ᄒᆞ고侈心이無厭ᄒᆞ야맛ᄎᆞᆷ내天下를亡ᄒᆞ니다만倉庾의積으로ᄒᆞ야곰足히써凶年만備ᄒᆞᆯ진ᄃᆡ그餘ᄂᆞᆫ무엇에用ᄒᆞ리오

上이謂侍臣曰人이言天子ㅣ至尊ᄒᆞ야無所畏憚이라ᄒᆞ니 朕則不然ᄒᆞ야

上畏皇天之鑑臨ᄒᆞ고 下憚羣臣之瞻仰ᄒᆞ야 兢兢業業이라도 猶恐不合天意ᄒᆞ고 未副人望이로라 魏徵이 曰此ᄂᆞᆫ 誠致治之要ㅣ니 願陛下ᄂᆞᆫ 愼終을 如始則善矣니다

上이侍臣다려謂ᄒᆞ야曰人이言호ᄃᆡ天子ㅣ至尊ᄒᆞ야畏憚ᄒᆞᆯ배업다ᄒᆞ되朕인즉然치안이ᄒᆞ야上으로皇天의鑒臨을畏ᄒᆞ고下로羣臣의瞻仰을憚ᄒᆞ야兢兢ᄒᆞ고業業ᄒᆞ드라도오히려天意에合지못ᄒᆞ고人望에副치못ᄒᆞᆯ가恐ᄒᆞ노라魏徵이曰이ᄂᆞᆫ진실노致治의要ㅣ니願컨ᄃᆡ陛下ᄂᆞᆫ愼終을始와如히ᄒᆞᆫ즉善ᄒᆞᆫ이니다

頡利ㅣ 表請入朝어ᄂᆞᆯ 上이 謂侍臣曰曏者突厥之彊에 控弦이百萬이라 憑陵中夏ᄒᆞ고 用是驕恣ᄒᆞ야 以失其民이러니 今에 自請入朝ᄒᆞ니非困窮이면 肯如是乎아 朕이 聞之ᄒᆞ고 且喜且懼ᄒᆞ노니 何則고 突厥이衰則邊境이 安矣라 故로 喜나 然이나 朕或失道면 他日에 亦將如突厥ᄒᆞ리니 能無懼乎아 卿曹ᄂᆞᆫ 宜不惜苦諫ᄒᆞ야 以輔朕之不逮也ᄒᆞ라

頡利ㅣ表ᄒᆞ야入朝ᄒᆞ기를請ᄒᆞ거ᄂᆞᆯ上이侍臣더러謂ᄒᆞ야曰曏者에突厥이彊ᄒᆞᆷ에控弦이百萬이라中夏를憑陵ᄒᆞ고이驕恣를用ᄒᆞ야써그民을失ᄒᆞ더니이제스스로

入朝ᄒᆞ기를請ᄒᆞ니困窮홈이안이면질겨이갓ᄐᆞ라朕이聞ᄒᆞ고또喜ᄒᆞ며또懼ᄒᆞ노니읏지홈인고突厥이衰ᄒᆞᆫ즉邊境이安ᄒᆞᆯ지라故로喜홈이나然이나朕이或道를失ᄒᆞ면他日에또ᄒᆞᆫ突厥과갓ᄐᆞ리니能히懼홈이無ᄒᆞᆯ라卿曹는맛당이苦諫을惜지말아써朕의逮치못홈을輔ᄒᆞ라

太常少卿祖孝孫이作唐雅樂이어ᄂᆞᆯ上이曰禮樂者ᄂᆞᆫ蓋聖人이緣物以設教耳니治之隆替ㅣ豈由於此리오御史大夫杜淹이曰齊之將亡에作伴侶曲ᄒᆞ고陳之將亡에作玉樹後庭花ᄒᆞ니其聲이哀思ᄒᆞ야 樂記亡國之音哀以思註息吏反悲也 行路ㅣ聞之ᄒᆞ고皆悲泣ᄒᆞ니何得言治之隆替ㅣ不在樂也리잇고上이曰不然ᄒᆞ다夫樂은能感人故로樂者ㅣ聞之則喜ᄒᆞ고憂者ㅣ聞之則悲ᄒᆞᄂᆞ니悲喜ㅣ在人心이오不在樂也라將亡之政은民必愁苦故로聞樂而悲耳니今에二曲이具存ᄒᆞ니朕이爲公奏之ᄒᆞ리니公豈悲乎아右丞魏徵이曰古人이稱ᄒᆞ되禮云禮云은玉帛을云乎哉아樂云樂云은鍾鼓를云乎哉아樂은誠在

人和오不在聲音也니라 出禮樂志

太常少卿祖孝孫이唐雅樂을作ᄒᆞ얏거ᄂᆞᆯ上이ᄀᆞᆯᄋᆞᄃᆡ禮樂이란者ᄂᆞᆫᄃᆡᄭᅦ聖人이物을緣ᄒᆞ야ᄡᅥ敎ᄅᆞᆯ設ᄒᆞᆷ이니治의隆替ㅣ엇지此에由ᄒᆞ리오御史大夫杜淹이ᄀᆞᆯᄋᆞᄃᆡ齊의將亡에伴侶曲을作ᄒᆞ고陳의將亡에玉樹後庭花ᄅᆞᆯ作ᄒᆞ니그聲이哀思ᄒᆞ야行路ㅣ聞ᄒᆞ고다悲泣ᄒᆞ엿ᄉᆞ니엇지셜어곰治의隆替가樂에在치안이ᄒᆞ리잇고上이日然치아니ᄒᆞ다ᄃᆡ져樂은能히人을感ᄒᆞᄂᆞᆫ故로樂ᄒᆞᆫ者ㅣ聞ᄒᆞᆫ則喜ᄒᆞ고憂ᄒᆞᆫ者ㅣ聞ᄒᆞᆫ則悲ᄒᆞᄂᆞ니悲와喜ㅣ人心에在ᄒᆞ고樂에在ᄒᆞᆷ이안이라將亡의政은民이반다시愁苦ᄒᆞᄂᆞᆫ故로樂을聞ᄒᆞᆷ에悲ᄒᆞᄂᆞ니今에二曲이具存ᄒᆞᆯ진ᄃᆡ朕이公을爲ᄒᆞ야奏ᄒᆞ리니公이엇지悲ᄒᆞ리右丞魏徵이ᄀᆞᆯᄋᆞᄃᆡ古人이稱호ᄃᆡ禮라云ᄒᆞ고禮라云ᄒᆞᆷ은玉帛을云ᄒᆞᆷ인가樂이라云ᄒᆞ고樂이라云ᄒᆞᆷ은鍾鼓ᄅᆞᆯ云ᄒᆞᆷ인가樂은진실로人和에在ᄒᆞ고聲音에在ᄒᆞ지안이ᄒᆞ니이다

溫公曰禮者聖人之所履也樂者聖人之所樂也聖人履中正而樂和平又思與四海共之百世傳之於是乎作禮樂焉夫禮樂有本有文中和者本也容聲者文也二者不可偏廢先王守禮樂之本未嘗須臾去於心行禮樂之文未嘗須臾遠於身興於閨門著於朝廷被於鄕遂比隣(禮地官有鄕師遂師比長隣長鄰氏日百里內爲六鄕以爲六遂比長 各掌其比之治五家相受相和親隣長掌相紂相受凡邑中之政相贊) 達於諸侯流於四海自祭祀軍旅至於飮食起居未嘗不在禮樂之中如此數十百年然後治化周鳳凰來儀也太宗遽云治之隆替不由於樂何發言之易而果於非聖人也夫禮非威儀之

謂也然無威儀則禮不可得而行矣樂非聲音之謂也然無聲音則樂不可得而見矣故曰無本不立無文不行奈何以齊陳之音不驗於今世而謂樂無益於治亂何異睹拳石而輕泰山乎

畿內에有蝗이러니 上이入苑中이라가 見蝗ᄒᆞ고 掇數枚祝之曰ㅣ民이以穀爲命이어늘 而汝食之ᄒᆞ니 寧食吾之肺腸ᄒᆞ라ᄒᆞ고 擧手欲呑之ᄒᆞ니 左右ㅣ諫曰惡物이 或成疾이니다 上이曰朕이 爲民受災ᄒᆞ노니 何疾之避리오ᄒᆞ고 遂呑之ᄒᆞ니 是歲에蝗不爲災러라 出政要

畿內에蝗이有ᄒᆞ더니上이苑中에入ᄒᆞ다가蝗을見ᄒᆞ고數枚를掇ᄒᆞ야祝ᄒᆞ야曰民이穀으로써命을삼거늘汝가食ᄒᆞ니ᄎᆞ라리吾의肺腸을食ᄒᆞ라ᄒᆞ고手를擧ᄒᆞ야呑코자ᄒᆞ니左右ㅣ諫ᄒᆞ야ᄀᆞᆯ으ᄃᆡ惡物이或疾을成ᄒᆞᆯ가ᄒᆞᄂᆞ니다上이ᄀᆞᆯ으ᄃᆡ朕이民을爲ᄒᆞ야災를受ᄒᆞ노니엇지疾을避ᄒᆞ리오ᄒᆞ고드ᄃᆡ여呑ᄒᆞ니이ᄒᆡ에蝗이災를ᄒᆞ지안이ᄒᆞ더라

上이謂侍臣曰赦者는 小人之幸이오 君子之不幸이니 一歲再赦면 善人이喑啞라 夫養稂莠者는 害嘉穀이오 赦有罪者는 賊良民故로朕이即位以來로不欲數赦는 恐小人이 恃之ᄒᆞ야 輕犯憲章故也ㅣ라 出政要

上이侍臣다려謂ᄒ야日赦란者ᄂ小人의幸이오君子의不幸이니一歲에再赦면善
人이暗啞ㅣ라무릇稂莠를養ᄒᄂ者ᄂ嘉穀을害ᄒ고有罪를赦ᄒᄂ者ᄂ良民을賊
ᄒᄂ故로朕이位에即ᄒᆫ以來로數히赦코져아니ᄒᆷ은小人이恃ᄒ야憲章을輕犯ᄒᆯ
가恐ᄒᄂ故로라

上이日比見에群臣이屢上表賀祥瑞ᄒ니夫家給人足이면而無瑞
라도不害爲堯舜이오百姓이愁怨이면而多瑞라도不害爲桀紂니後魏
之世에吏焚連理木ᄒ야煮白雉而食之ᄒ니豈足爲至治乎아嘗
有白鵲이構巢於寢殿之上ᄒ야合歡이如腰鼓ᄒ니(合歡會合歡適也山堂考索曰腰鼓大者瓦小者木皆廣首而纖腰本胡鼓毛員鼓雞婁鼓皆腰鼓也兩頭擊之聲相應和)左右ㅣ稱賀어늘上이曰我ㅣ常笑隋帝ㅣ好祥
瑞로라瑞在得賢이니此何足賀ㅣ리오命毁其巢ᄒ고縱鵲於野外ᄒ다(出政要)

上이ᄀᆞᆯᄋᆞᄃᆡ比에羣臣이자주表를上ᄒ야祥瑞를賀ᄒᆷ을보니ᄃᆡ뎌家ㅣ給ᄒ고人이
足ᄒ면瑞가無ᄒ드ᄅᆡ도堯舜됨에害되지안ᄂ것시오百姓이愁怨ᄒ면瑞가多ᄒ드
ᄅᆡ도桀紂됨에害되지안을것이니後魏에世에吏가連理木을焚ᄒ야白雉를煑ᄒ야
食ᄒ얏스니읏지足히至治가되라일즉白鵲이有ᄒ야巢를寢殿의上에構ᄒ야合歡
ᄒᆷ이腰鼓와如ᄒ니左右ㅣ稱賀ᄒ거늘上이ᄀᆞᆯᄋᆞᄃᆡ내항상隋帝가祥瑞好ᄒᆷ을笑ᄒ
노라瑞가賢을得ᄒᆷ에잇ᄂ니이를읏지足히賀ᄒ리오命ᄒ야그巢를毁ᄒ고鵲을野

外에 縱ᄒᆞ다

天이 小雨어ᄂᆞᆯ 李百藥이 上言호ᄃᆡ 宮人無用者ㅣ 尙多ᄒᆞ야 陰氣鬱積ᄒᆞ야 亦足致旱이니다 上이 命簡出之ᄒᆞ니 前后所出이 三千餘人이러라 出政要

天이少雨ᄒᆞ거ᄂᆞᆯ李百藥이上言호ᄃᆡ宮人쓸ᄃᆡ업ᄂᆞᆫ者ㅣ尙多ᄒᆞ야陰氣가鬱積ᄒᆞ야ᄯᅩᄒᆞᆫ足히旱을致홈이니다上이命ᄒᆞ야簡出ᄒᆞ니前后에出ᄒᆞᆫ바ㅣ三千餘人이러라

突厥이 寇邊이어ᄂᆞᆯ 朝臣이 或請修古長城ᄒᆞ고 發民乘堡障이라ᄒᆞᆫᄃᆡ 上이 曰突厥이 災異相仍이어ᄂᆞᆯ 頡利ㅣ 不懼而修德ᄒᆞ고 暴虐滋甚ᄒᆞ야 骨肉이 相攻ᄒᆞ니 亡在朝夕이라 朕方爲公ᄒᆞ야 掃淸沙漠ᄒᆞ리니 安用勞民ᄒᆞ야 遠修邊塞乎아 出突厥傳

突厥이邊을寇ᄒᆞ거ᄂᆞᆯ朝臣이或請ᄒᆞ야古長城을修ᄒᆞ고民을發ᄒᆞ야堡障을乘ᄒᆞ라ᄒᆞᆫᄃᆡ上이ᄀᆞᆯᄋᆞᄃᆡ突厥이災異가서로仍ᄒᆞ거ᄂᆞᆯ頡利ㅣ懼ᄒᆞ야德을修치아니ᄒᆞ고暴虐이滋甚ᄒᆞ야骨과肉이서로攻ᄒᆞ니亡홈이朝夕에在ᄒᆞᆯ지라朕이바야로公을爲ᄒᆞ야沙漠을掃淸ᄒᆞ리니엇지ᄡᅥ民을勞케ᄒᆞ야멀니邊塞를修ᄒᆞ라

十月에 上이 以瀛州刺史盧祖尙이 才兼文武로 徵入朝ᄒᆞ고 諭以交趾ㅣ 久不得人으로 須卿鎭武라ᄒᆞᆫᄃᆡ 祖尙이 拜謝而出이러니 既而悔之ᄒᆞ야 辭以疾이어ᄂᆞᆯ 上이 遣杜如晦等ᄒᆞ야 諭旨호ᄃᆡ 祖尙이 固辭어ᄂᆞᆯ 上이 大

怒曰我ㅣ使人不行ᄒᆞ니何以爲政이리오命斬於朝堂ᄒᆞ고尋에悔之ᄒᆞ다

十月에上이瀛州刺史盧祖尙이才ㅣ文武를兼ᄒᆞᆫ으로ᄡᅥ徵ᄒᆞ야入朝ᄒᆞ고交趾ㅣ오리得人치못ᄒᆞᆷ으로ᄡᅥ卿의鎭撫ᄒᆞᆷ을須ᄒᆞ노라ᄒᆞᆫᄃᆡ祖尙이拜謝ᄒᆞ고出ᄒᆞ더니져근ᄃᆞᆺ悔ᄒᆞ야疾로ᄡᅥ辭ᄒᆞ거늘上이杜如晦等을遣ᄒᆞ야旨를諭호ᄃᆡ祖尙이固辭ᄒᆞ거늘上이크게怒ᄒᆞ야ᄀᆞᆯ으ᄃᆡᄂᆡ人을使호ᄃᆡ行치아니ᄒᆞ니엇지ᄡᅥ政을ᄒᆞ리오命ᄒᆞ야朝堂에서斬ᄒᆞ고尋에悔ᄒᆞ다

他日에與侍臣으로論ᄒᆞᆯᄉᆡ齊文宣帝ᄂᆞᆫ何如人고魏徵이對曰文宣이狂暴ㅣ나然이나人與之爭ᄒᆞ야事理屈則從之ᄒᆞ니이다上이曰然ᄒᆞ다曏者에盧祖尙이雖失人臣之義나朕이殺之ᄒᆞ니似爲太暴ㅣ라由此言之컨ᄃᆡ不如文宣矣로다命復其官蔭ᄒᆞ다

他日에侍臣으로더부러論ᄒᆞᆯᄉᆡ齊文宣帝ᄂᆞᆫ엇더ᄒᆞᆫ人인고魏徵이對ᄒᆞ야曰文宣이狂暴ᄒᆞ느그러ᄒᆞ느人으로더부러爭ᄒᆞ야事理가屈ᄒᆞ즉從ᄒᆞᄂᆞ니다上이曰그러ᄒᆞ다曏者에盧祖尙이비록人臣의義를失ᄒᆞ엿스나朕이殺하얏스니太暴ᄒᆞᆷ갓튼지라此로由ᄒᆞ야言ᄒᆞ건ᄃᆡ文宣만갓지못ᄒᆞ도다命ᄒᆞ야그官蔭을復ᄒᆞ다

徵이容貌ㅣ不逾中人ᄒᆞ되而有膽略ᄒᆞ야善回人主意ᄒᆞ고每犯顔苦諫에或逢上怒甚이라도徵이神色을不移ᄒᆞ니上이亦爲之霽威러라 出魏徵傳郭氏

曰今南陽人呼雨立為霽師古曰霽止也 嘗謁告上冢이라가 還言於上曰人言陛下ㅣ欲幸南
山外ᄒᆞ야 皆嚴裝을 已畢이로ᄃᆡ 而竟不行이다ᄒᆞ니 何也ㅣ닛고 上이 笑曰實有
此心이나 畏卿嗔故로 中輟耳로다

徵이容貌ㅣ中人에逾ᄒᆞ지못호ᄃᆡ膽略이有ᄒᆞ야善히人主의意를回ᄒᆞ고ᄆᆡ양顏을
犯ᄒᆞ야苦諫홈에或上의怒ㅣ甚홈을逢ᄒᆞ더라도徵히神色을移ᄒᆞ지안니ᄒᆞ니上
이ᄯᅩᄒᆞᆫ爲ᄒᆞ야威를霽ᄒᆞ더라일즉上冢에謁告ᄒᆞ다가還ᄒᆞ야上의게言ᄒᆞ야曰人이
言호ᄃᆡ陛下ㅣ南山外에幸ᄒᆞ고자ᄒᆞ야다嚴裝을이미畢ᄒᆞ엿스되마ᄎᆞᆷ내行치안이
ᄒᆞ엿다ᄒᆞ니엇지홈이닛고上이笑ᄒᆞ야曰實로此心이有ᄒᆞ나卿의嗔을畏ᄒᆞᆫ故로中
輟ᄒᆞ얏로라

上이 嘗得佳鷂ᄒᆞ야 自臂之라가 望見徵來ᄒᆞ고 匿懷中이러니 徵이 奏事에
故久不已ᄒᆞ니 鷂ㅣ 竟死懷中ᄒᆞ다 出鄭公諫錄

上이일즉佳鷂를得ᄒᆞ야스샤로臂ᄒᆞ얏다가徵이來홈을望見ᄒᆞ고懷中에匿ᄒᆞ얏더
니徵이事를奏홈미점짓久히ᄒᆞ야已치아니ᄒᆞ니鷂ㅣ마ᄎᆞᆷ니懷中에서死ᄒᆞ다

上이 曰爲朕養民이 唯在都督刺史ᄒᆞ니 朕이 常疏其名於屛風ᄒᆞ야

疏所據反條陳以紀之屛薄丁反三禮圖扆從廣八尺畫斧今之屛風則遺象也 坐臥觀之ᄒᆞ고 得其在官善惡之跡ᄒᆞ야 皆
注於名下ᄒᆞ야 以備黜陟縣令이 尤爲親民ᄒᆞ니 不可不擇이라ᄒᆞ고 乃命
內外ᄒᆞ야 五品以上으로 各擧堪爲縣令者ᄒᆞ야 以名聞ᄒᆞ다 出循吏傳序

上이 ᄀᆞᆯᄋᆞᄃᆡ 朕을 爲ᄒᆞ야 民을 養ᄒᆞᆷ이 오쟉 都督과 刺史에 在ᄒᆞ니 朕이 常히 其名을 屛風에 疏ᄒᆞ야 坐臥에 觀ᄒᆞ고 그 官에 在ᄒᆞ야 善惡의 跡을 得ᄒᆞ야 다 名下에 注ᄒᆞ야 써 縣令 黜陟을 備ᄒᆞᆷ이 더옥 民을 親케 ᄒᆞᆷ이니 可히 擇지 안이치 못ᄒᆞᆯ지라 ᄒᆞ고 이에 內外를 命ᄒᆞ야 五品以上으로 各히 堪ᄒᆞ야 縣令될 者를 擧ᄒᆞ야 써 名聞ᄒᆞ라 ᄒᆞ다

(己丑)三年이라 上이 謂房玄齡杜如晦曰公爲僕射ᄒᆞ니 當廣求
賢ᄒᆞ야 隨才授任이 此ㅣ 宰相之職也어늘 比聞聽受辭訟이 日不暇
給ᄒᆞ니이라 安能助朕求賢乎아 因敕尙書ᄒᆞ야 細務ᄂᆞᆫ 屬左右丞ᄒᆞ고 唯
大事應奏者ᄂᆞᆫ 乃關僕射ᄒᆞ니 玄齡이 明達吏事ᄒᆞ고 輔以文學ᄒᆞ야
夙夜盡心ᄒᆞ야 惟恐一物失所ᄒᆞ야 用法이 寬平ᄒᆞ고 聞人有善이면 若己
有之ᄒᆞ야 不以求備로 取人ᄒᆞ고 不以己長으로 格物ᄒᆞ야 與如晦로 引拔

士類에常如不及ᄒᆞ고至於臺閣規模ᄒᆞ야도皆一人의所定이러라

三年이라上이房玄齡과杜如晦더러일너ᄀᆞᆯᄋᆞ되公이僕射가되얏스니맛당히널니賢을求ᄒᆞ야才를隨ᄒᆞ야任을授ᄒᆞᆷ이이宰相의職이어ᄂᆞᆯ比聞호니辭訟을聽受ᄒᆞᆷ이日로暇給지못ᄒᆞᆫ다ᄒᆞ니읏지能히朕을助ᄒᆞ야賢을求ᄒᆞᆷ이랴因ᄒᆞ야尙書를敕ᄒᆞ야細務ᄂᆞᆫ左右丞의게屬ᄒᆞ고오쟉大事應奏ᄒᆞᆯ者ᄂᆞᆫ이에僕射의게關ᄒᆞ게ᄒᆞ니玄齡이吏事에明達ᄒᆞ고文學으로써輔ᄒᆞ야夙夜로心을다ᄒᆞ야오쟉一物이라도失所ᄒᆞᆯ가恐ᄒᆞ야法을用ᄒᆞᆷ이寬平ᄒᆞ고人의善이有ᄒᆞᆷ을드르면已에有ᄒᆞᆷ과갓치ᄒᆞ야求備로써人을取ᄒᆞ지아니ᄒᆞ고己長으로써物을格ᄒᆞ지안이ᄒᆞ야如晦로더부러士類를引拔ᄒᆞᆷ에항상及지못ᄒᆞᆷ갓치ᄒᆞ고臺閣規模에至ᄒᆞ야도다二人의定ᄒᆞᆫ바러라

上이每與玄齡으로謀事에必曰非如晦면不能決이라ᄒᆞ더니及如晦至ᄒᆞ야卒用玄齡之策ᄒᆞ니蓋玄齡은善謀ᄒᆞ고如晦ᄂᆞᆫ能斷故也러라二人이深相得ᄒᆞ야同心徇國故로唐世에稱賢相者ㅣ推房杜焉이러라 出本傳

上이미양玄齡으로더부러事를謀ᄒᆞᆷ의반다시ᄀᆞᆯᄋᆞ되如晦가안이면能히決단치못ᄒᆞᆫ다ᄒᆞ더니밋如晦가卒ᄒᆞᆷ에至ᄒᆞ야玄齡의策을用ᄒᆞ니되개玄齡은謀를善히ᄒᆞ고如晦ᄂᆞᆫ能히斷ᄒᆞᄂᆞᆫ故러라二人이깁히서로得ᄒᆞ야心을同히ᄒᆞ야國을徇ᄒᆞᄂᆞᆫ故로

唐世에 賢相을 稱ᄒᆞᄂᆞᆫ者ㅣ 房과 杜를 推ᄒᆞ더라

四月에 上이 御太極殿ᄒᆞ샤 謂侍臣曰 中書門下ᄂᆞᆫ 機要之司ㅣ니 詔敕이 有不便者ㅣ어든 皆應論執ᄒᆞ라 比來예 唯睹順從이오 不聞違異로라 若但行文書則誰不可爲ᄒᆞ야 何必擇才也ㅣ리오 房玄齡等이 皆頓首謝ᄒᆞ다 故事에 凡軍國大事則中書舍人이 各執所見ᄒᆞ야 雜署其名ᄒᆞ니 謂之五花判事ㅣ라 中書侍郞은 中書令이 省審之ᄒᆞ고 給事中은 黃門侍郞이 駁正之ᄒᆞ더니 上이 始申明舊制ᄒᆞ니 由是로 鮮有敗事ᄒᆞ더라 出貞觀政要

四月에 上이 太極殿에 御ᄒᆞ샤 侍臣ᄃᆞ려 謂ᄒᆞ야 曰 中書門下ᄂᆞᆫ 機要의 司ㅣ니 詔敕이 便치 몯ᄒᆞᆫ者ㅣ 有ᄒᆞ거든 다 ᄡᅥ 論執ᄒᆞ라 比來에 오직 順從ᄒᆞᆷ을 睹ᄒᆞ고 違異ᄒᆞᆷ을 聞치 몯ᄒᆞ얏노라 만일 다만 文書만 行ᄒᆞᆫ즉 誰가 可히 ᄒᆞ지 몯ᄒᆞ야 엇지 반ᄃᆞ시 才를 擇ᄒᆞ리오 房玄齡의 等이 다 首를 頓ᄒᆞ고 謝ᄒᆞ더라 故事에 믈읫 軍國大事인즉 中書舍人이 各히 所見을 執ᄒᆞ야 其名을 雜署ᄒᆞ니 謂ᄒᆞ되 五花判事ㅣ라 中書侍郞은 中書令이 省審ᄒᆞ고 給事中은 黃門侍郞이 駁正ᄒᆞ더니 上이 비로소 舊制를 申明ᄒᆞ니 是로 由ᄒᆞ야 敗事가 有ᄒᆞᆫ

이鮮ᄒᆞ더라

茌平馬周ㅣ(漢地志泰山有花縣茌通作茌 疑反博州茌平縣今東昌府是也) 客遊長安ᄒᆞ야 舍於中郎將常何之家ㅣ러니 六月에 以旱으로 詔文武官ᄒᆞ야 極言得失이어늘 何는 武人이라 不學ᄒᆞ야 不知所言이러니 周ㅣ代之ᄒᆞ야 陳便宜二十餘條ᄒᆞ니 上이 怪其能ᄒᆞ야 以問何ᄒᆞᆫ대 對曰此ㅣ非臣所能이오 家客馬周ㅣ為臣具草耳니다 上이 即召之ᄒᆞ고 未至에 遣使督促者ㅣ數輩러니 及謁見에 與語甚悅ᄒᆞ야 令直門下省이라가 尋除監察御史ᄒᆞ니 奉使稱旨어늘 上이 以常何로 為知人이라ᄒᆞ야 賜絹三百匹ᄒᆞ다 (出周本傳)

茌平馬周ㅣ客으로長安에遊ᄒᆞ야中郎將常何의家에舍ᄒᆞ엿더니六月에旱으로써文武官을詔ᄒᆞ야極히得失을말ᄒᆞ라ᄒᆞ거늘何ᄂᆞᆫ武人이라學지못ᄒᆞ야言ᄒᆞᆯ바를知치못ᄒᆞ더니周ㅣ代ᄒᆞ야便宜二十餘條를陳ᄒᆞ니上이그能ᄒᆞᆷ을怪이여여써何더러問ᄒᆞᆫᄃᆡ對ᄒᆞ야曰이ᄂᆞᆫ臣의能ᄒᆞᆫ바ㅣ안이오家客馬周ㅣ臣을為ᄒᆞ야具草ᄒᆞᆫ것이니이다上이곳召ᄒᆞ고至치못ᄒᆞᆷ에使를遣ᄒᆞ야督促ᄒᆞᆫ者ㅣ數輩러니밋謁見ᄒᆞ미더부러語ᄒᆞ고甚히悅ᄒᆞ야ᄒᆞ야금門下省에直ᄒᆞ얏다가尋에監察御史를除ᄒᆞ니使를奉

ᄒᆞ야旨를稱ᄒᆞ거ᄂᆞᆯ上이常何로써人을知ᄒᆞ엿다ᄒᆞ야絹三百匹을賜ᄒᆞ다

遣都督李世勣李靖柴紹薛萬徹ᄒᆞ야爲行軍摠管ᄒᆞ니衆合十餘萬이라皆受李靖節度ᄒᆞ야分道出擊突厥ᄒᆞ다

都督李世勣과李靖과柴紹와薛萬徹을遣ᄒᆞ야行軍摠管을合으니衆이合十餘萬이라다李靖의節度를受ᄒᆞ야道를分ᄒᆞ야나아가突厥을擊ᄒᆞ다

十二月에突利可汗이入朝어ᄂᆞᆯ上이謂侍臣曰往者에太上皇이以百姓之故로稱臣於突厥ᄒᆞ니朕當痛心이러니今에單于ㅣ稽顙ᄒᆞ니庶幾可雪前恥로다(雪除也)

十二月에突利可汗이드러와朝ᄒᆞ거ᄂᆞᆯ上이侍臣더러일너ᄀᆞᆯ으ᄃᆡ往者에太上皇이百姓의故로써突厥의게稱臣ᄒᆞ니朕이맛당이心에痛히여겻더니今에單于ㅣ顙을稽ᄒᆞ니거의可히前의恥를雪ᄒᆞ얏도다

(靺鞨)北狄之別種

壬午에靺鞨이(靺莫曷反 鞨音曷)遣使入貢이어ᄂᆞᆯ上이曰靺鞨이遠來ᄂᆞᆫ蓋突厥이已服之故也니昔人이謂禦戎이無上策이라ᄒᆞ더니朕이今治安中國而四夷ㅣ自服ᄒᆞ니豈非上策乎아

壬午에靺鞨이使를遣ᄒᆞ야入貢ᄒᆞ거ᄂᆞᆯ上이ᄀᆞᆯᄋᆞ샤ᄃᆡ靺鞨이遠來ᄒᆞᆷ은ᄃᆡ개突厥이임
이服ᄒᆞᆫ故니昔人이戎을禦ᄒᆞᆷ이上策이無ᄒᆞ다謂ᄒᆞ더니朕이이제中國을治安ᄒᆞ믹
四夷가ᄉᆞᄉᆞ로服ᄒᆞ니웃지上策이아니랴

是時에遠方諸國에來朝貢者ㅣ甚衆ᄒᆞ야服裝이詭異어ᄂᆞᆯ中書侍
郎顔師古ㅣ請圖寫ᄒᆞ야以示後作王會圖ᄒᆞ라ᄒᆞ야ᄂᆞᆯ 周武王時天下太平遠國歸欵史乃集其事爲王會篇
從之ᄒᆞ다

이ᄯᅴ에遠方에모ᄃᆞᆫ國이와셔朝貢ᄒᆞᄂᆞᆫ者ㅣ甚衆ᄒᆞ야服裝이詭異ᄒᆞ거ᄂᆞᆯ中書侍郎
顔師古ㅣ請ᄒᆞ되圖寫ᄒᆞ야써後에作ᄒᆞᆫ王會圖를示케ᄒᆞ라ᄒᆞ야ᄂᆞᆯ從ᄒᆞ다

(庚寅)四年이라正月에李靖이帥驍騎三千ᄒᆞ고自馬邑으로進屯惡
陽嶺ᄒᆞ야夜襲定襄破之ᄒᆞ니突厥頡利可汗이不意靖이猝至 猝蒼沒反忽至
也라大驚이러니又爲靖의破於陰山ᄒᆞ니 北戎之地東西千餘里草茂盛多禽獸凶奴依阻其中漢武克凶奴置陰山縣 靖이斬首
萬餘級ᄒᆞ고俘男女十餘萬ᄒᆞ고斥地를自陰山으로北至大漠ᄒᆞ고露布
以聞ᄒᆞ고 後魏每戰克欲天下聞知乃書帛於漆竿上名爲露布 擒頡利ᄒᆞ야送京師ᄒᆞ니漢南之地ㅣ遂空ᄒᆞ다

四年이라正月에李靖이驍騎三千을帥ᄒᆞ고馬邑으로부터나가惡陽嶺에屯ᄒᆞ야夜

에定襄을襲ᄒᆞ야破ᄒᆞ니突厥과頡利可汗이靖이猝至홈을意치안이ᄒᆞᆫ지라크게驚ᄒᆞ더니또靖의게陰山에셔破ᄒᆞᆫ비되니靖이首萬餘級을斬ᄒᆞ고男女十餘萬을俘ᄒᆞ고斥地를陰山으로부터北으로大漠에至ᄒᆞ고露布로써들니고頡利를擒ᄒᆞ야京師로送ᄒᆞ니漢南의地ㅣ드듸여空ᄒᆞ다

三月에四夷君長이詣闕ᄒᆞ야請上爲天可汗이어늘上이曰我爲大唐天子ᄒᆞ고又下行可汗事乎아羣臣四夷ㅣ皆稱萬歲라是後에以璽書로賜西北君長ᄒᆞ야皆稱天可汗이라ᄒᆞ다 出本紀

三月에四夷君長이闕에詣ᄒᆞ야上을天可汗되기를請ᄒᆞ거늘上이가ᄅᆞᄃᆡ我가大唐天子가되고또下로可汗의事를行홀야羣臣과밋四夷ㅣ다萬歲를稱ᄒᆞ는지라이後에璽書로써西北君長을賜ᄒᆞ야다天可汗이라稱ᄒᆞ다

突厥頡利可汗이至長安이어늘上이御順天樓ᄒᆞ야盛陳文物引見ᄒᆞ고詔館於太僕ᄒᆞ야厚廩食之ᄒᆞ니上皇이聞擒頡利ᄒᆞ고歎曰漢高祖ㅣ困白登ᄒᆞ고不能報러니今에我子ㅣ能滅突厥ᄒᆞ니吾ㅣ付託得人이라復何憂哉리오

突厥과頡利可汗이長安에至ᄒᆞ거늘上이順天樓에御ᄒᆞ야盛히文物을陳ᄒᆞ야引見ᄒᆞ고詔ᄒᆞ야太僕에舘ᄒᆞ게ᄒᆞ야厚廩으로먹이니上皇이頡利ㅣ擒홈을듯고歎ᄒᆞ야曰漢高帝ㅣ白登에困ᄒᆞ고能히갑지못ᄒᆞ엿더니이졔我子ㅣ能히突厥을滅ᄒᆞ니내人을得홈을付託ᄒᆞᆫ지라다시무엇을憂ᄒᆞ리오

上皇이召上ᄒᆞ야與貴臣十餘人과及諸王妃主로置酒凌煙閣ᄒᆞ고酒酣에上皇이自彈琵琶ᄒᆞ고上이起舞ᄒᆞ고公卿이迭爲起壽ᄒᆞ야逮夜而罷ᄒᆞ다

上皇이上을召ᄒᆞ야貴臣十餘人과밋모든王妃主로더부러酒를凌煙閣에置ᄒᆞ고酒酣홈애上皇이ᄉᆞᄉᆞ로琵琶를彈ᄒᆞ고上이이러나춤추고公卿이셔로이러나壽를ᄒᆞ야夜에逮ᄒᆞ야罷ᄒᆞ다

突厥이既亡에其部落이或北附薛延陁ᄒᆞ고或西奔西域ᄒᆞ고其降唐者ㅣ尙十萬口라詔羣臣ᄒᆞ야議區處之宜ᄒᆞᆫᄃᆡ魏徵이以爲突厥이世爲寇盜ᄒᆞ야百姓之讐也ㅣ러니今에幸而破亡ᄒᆞ니陛下ㅣ以其降附로不忍盡殺인ᄃᆡ宜縱之ᄒᆞ야使還故土오不可留之中國이니이다晉

(有敎無類)類異類也敎法也彦博無絶匈奴也

初에諸胡ㅣ與民으로雜居中國이어늘郭欽江統이皆勸武帝ᄒᆞ야驅出塞外ᄒᆞ야以絶亂階ᄒᆞ라ᄒᆞ더武帝ㅣ不從이러니後二十餘年에伊洛之間이遂爲氈裘之域ᄒᆞ니此ᄂᆞᆫ前事之明鑑也ㅣ니다

突厥이이미亡ᄒᆞ매그部落이或北으로薛延陁에附ᄒᆞ고或西으로西域에奔ᄒᆞ고그唐나라에降ᄒᆞᆫ者ㅣ尙히十萬口라羣臣의게詔ᄒᆞ야區處의맛당홈을議ᄒᆞᆫ데魏徵이써ᄒᆞ되突厥이世로寇盜가되야百姓의원슈러니이제다힝이破亡ᄒᆞ니陛下ㅣ그降附로써참아다殺치못ᄒᆞᆯ진ᄃᆡ맛당이縱ᄒᆞ야ᄒᆞ야곰故土로還케ᄒᆞᆯ거시오可히中國에留ᄒᆞ지못ᄒᆞᆯ것이니다晋初에諸胡ㅣ民으로더부러中國에雜居ᄒᆞ거ᄂᆞᆯ郭欽과江統이다武帝를勸ᄒᆞ야몰아塞外로出ᄒᆞ야써亂階를絶ᄒᆞ라ᄒᆞ되武帝ㅣ從치안이ᄒᆞ더니後二十餘年에伊洛의間이드듸여氈裘의域이되니이ᄂᆞᆫ前事에明鑑이니이다

彦博이曰王者之於萬物에天覆地載ᄒᆞ야靡有所遺ㅣ라今에突厥이窮來歸我어늘奈何로棄之而不受乎아孔子ㅣ曰有敎無類ᄒᆞ시니라若赦其死亡ᄒᆞ야授以生業ᄒᆞ야敎之以禮義면數年之後에悉

爲吾民이니選其酋長ᄒᆞ야使入宿衛ᄒᆞ야畏威懷德ᄒᆞ면何後患之有리오上이卒用彥博策ᄒᆞ야處突厥降衆ᄒᆞᆯ시東自幽州로西至靈州히分突利所統之地ᄒᆞ야爲四州ᄒᆞ고分頡利之地ᄒᆞ야爲六州ᄒᆞ고其餘酋長至者를皆拜將軍中郎將ᄒᆞ야布列朝廷ᄒᆞ니五品已上百餘人이殆與朝士로相半이러니 出突厥傳及政要

彥博이ᄀᆞᆯ오ᄃᆡ王者의萬物에天覆地載ᄒᆞ야遺ᄒᆞᆫ바가잇지안이ᄒᆞᆫ지라이제突厥이窮ᄒᆞ야ㅣ我의게歸ᄒᆞ거ᄂᆞᆯ奈何로棄ᄒᆞ고受ᄒᆞ지안이ᄒᆞ랴孔子ᄀᆞᆯᄋᆞ샤ᄃᆡ敎ᄒᆞᆷ이有ᄒᆞ면類가업다ᄒᆞ시니만일그死亡을赦ᄒᆞ야生業으로써授ᄒᆞ야禮義로써敎ᄒᆞ면數年의後에다吾民이될지니그酋長을選ᄒᆞ야ᄒᆞ야금宿衛에入ᄒᆞ야威ᄅᆞᆯ畏ᄒᆞ고德을懷ᄒᆞ면무ᄉᆞᆫ後患이잇스리오上이마ᄎᆞᆷ니彥博의策을써셔突厥의降衆을處ᄒᆞᆯ시東으로幽州븟터西으로靈州에至ᄒᆞᆯ히突利의統ᄒᆞᆫ바地ᄅᆞᆯ分ᄒᆞ야四州ᄅᆞᆯ삼고頡利의地ᄅᆞᆯ分ᄒᆞ야六州ᄅᆞᆯ삼고그남은酋長이至ᄒᆞᆫ者ᄅᆞᆯ다將軍中郎將을拜ᄒᆞ야朝廷에布列ᄒᆞ니五品已上百餘人이자못朝士로더부러相半ᄒᆞ더라

林邑이獻火珠ᄒᆞ니 林邑南蠻國名漢日南象林之地在交州南千餘里 有司ㅣ以其表辭ㅣ不順으로請

討之ᄒᆞᆫ대上이曰好戰者는亡ᄒᆞᄂᆞ니如隋煬帝頡利可汗은皆耳目所親見也라小國을勝之不武온況未可必乎아語言之間에何足介意리오 (出政要)

林邑이火珠를獻ᄒᆞ니有司ㅣ表辭가順ᄒᆞ지아니ᄒᆞᆷ으로써討ᄒᆞ기를請ᄒᆞᆫ대上이ᄀᆞᆯ으ᄃᆡ戰을好ᄒᆞᄂᆞᆫ者ᄂᆞᆫ亡ᄒᆞᄂᆞ니隋煬帝와頡利可汗은다耳目으로親히見ᄒᆞᆫᄇᆡ라小國을勝ᄒᆞᆷ이武가아니어든ᄒᆞ믈며可히必치아니ᄒᆞᆷ이랴語言의間에엇지足히意를介ᄒᆞ리오

六月에發卒ᄒᆞ야修洛陽宮ᄒᆞ야以備巡幸ᄒᆞ샤給事中張玄素ㅣ上書諫ᄒᆞ야以爲洛陽에未有巡幸之期而預修宮室ᄒᆞ니非今日之急務ㅣ니陛下ㅣ初平洛陽에凡隋氏宮室之宏侈者를皆令毁之ᄒᆞ시니曾未十年에復加營繕ᄒᆞ니何前日惡之而今日效之也ㅣ잇고且以今日財力이何如隋世오陛下ㅣ役瘡痍之人ᄒᆞ야襲亡隋之弊ᄒᆞ면恐又甚於煬帝矣니이다上이謂玄素曰卿이謂我ㅣ不如煬帝ᄒᆞ니

何如桀紂오對曰若此役을不息이면亦同歸于亂耳니라上이歎曰
吾ㅣ思之不熟ᄒᆞ야乃至於是라ᄒᆞ고 顧謂房玄齡曰朕이以洛陽이
土中으로朝貢道均이라ᄒᆞ야意欲便民故로使營之러니今에玄素所言이
誠有理宜ᄒᆞ니卽爲之罷役ᄒᆞ라

六月에卒을發ᄒᆞ야洛陽宮을修ᄒᆞ야ᄡᅥ巡幸ᄒᆞᆷ을備ᄒᆞᆯᄉᆡ給事中張玄素ㅣ書를上ᄒᆞ야諫ᄒᆞ야ᄡᅥᄒᆞ되洛陽에巡幸의期가잇지안이ᄒᆞᆷ이미리宮室을修ᄒᆞ니今日의急務ㅣ안이니다陛下ㅣ初로洛陽을平ᄒᆞᆷ이무릇隋氏宮室의宏侈ᄒᆞᆫ者를다ᄒᆞ야금毁ᄒᆞ더니일즉十年이못되야다시營繕ᄒᆞᆷ을더ᄒᆞ니엇지前日에ᄂᆞᆫ惡ᄒᆞ고今日에ᄂᆞᆫ效ᄒᆞ나닛고ᄯᅩᄡᅥ今日에財力이隋世와엇더ᄒᆞᆫ고陛下ㅣ瘡痍ᄒᆞᆫ人을役ᄒᆞ야亡ᄒᆞᆫ隋의弊를襲ᄒᆞ면ᄯᅩ煬帝보다甚ᄒᆞᆯ가恐ᄒᆞ나니다上이玄素다려謂ᄒᆞ야曰卿이我를謂ᄒᆞ야煬帝만갓지못ᄒᆞ다ᄒᆞ니桀紂와엇더ᄒᆞᆫ고對ᄒᆞ야曰만일이役을息지안이ᄒᆞ면ᄯᅩᄒᆞᆫᄒᆞᆷ께亂에歸ᄒᆞᆯ지니다上이歎ᄒᆞ야曰내思ᄒᆞᆷ을熟히못ᄒᆞ야이에是에至ᄒᆞ엿다ᄒᆞ고顧ᄒᆞ야房玄齡다려謂ᄒᆞ야曰朕이洛陽이土中임으로ᄡᅥ朝貢ᄒᆞᄂᆞᆫ道ㅣ均ᄒᆞ다ᄒᆞ야意에民을便利ᄒᆞ고자ᄒᆞᆷ으로營ᄒᆞ엿더니今에玄素의言ᄒᆞᄂᆞᆫ바이진실노理宜가잇ᄉᆞ니곳罷役ᄒᆞ라

後日에 或以事로 至洛陽ᄒᆞ야 雖露居ㅣ라도 亦無傷也라ᄒᆞ고 仍賜玄素綵二百匹ᄒᆞ니 魏徵이 聞之ᄒᆞ고 歎曰張公이 論事에 有回天之力ᄒᆞ니 可謂仁人之言哉ㄴ져 (出玄素傳)

後日에或事로써洛陽에至ᄒᆞ야비록露居라도ᄯᅩᄒᆞᆫ傷ᄒᆞᆷ이無ᄒᆞ다ᄒᆞ고仍ᄒᆞ야玄素를綵二百匹을賜ᄒᆞ니魏徵이듯고歎ᄒᆞ야曰張公이事를論ᄒᆞ미天을回ᄒᆞᄂᆞᆫ力이有ᄒᆞ니可히仁人의言이라謂ᄒᆞᆯ진뎌

上이 問房玄齡蕭瑀曰隋文帝는 何如主也오 對曰文帝ㅣ 勤於爲治ᄒᆞ야 每臨朝에 或至日昃ᄒᆞ고 五品已上으로 引坐論事에 衛士ㅣ 傳餐而食ᄒᆞ니 雖性非仁厚나 亦勵精之主也ㅣ니다 上이 曰公은 得其一이오 未知其二로다 文帝ㅣ 不明而喜察ᄒᆞ니 不明則照有不通ᄒᆞ고 喜察則多疑於物ᄒᆞ야 事皆自決ᄒᆞ고 不任羣臣ᄒᆞ니 天下至廣ᄒᆞ야 一日萬機라 雖復勞神苦形이나 豈能一一中理아 羣臣이 既知主意ᄒᆞ니 唯取決受成ᄒᆞ고 雖有愆違나 莫能諫爭ᄒᆞ니 此所以二世而

亡也라니朕則不然ᄒᆞ야擇天下賢才ᄒᆞ야寘之百官ᄒᆞ야使思天下之事ᄒᆞ고關由宰相ᄒᆞ야審熟便安然後에奏聞ᄒᆞ야有功則賞ᄒᆞ고有罪則刑ᄒᆞ니誰敢不竭心力ᄒᆞ야以修職業이리오何憂天下之不治乎아因敕百司ᄒᆞ되自今으로詔敕이行下에有未便者어든皆應執奏오毋得阿從ᄒᆞ야不盡己意ᄒᆞ라

上이房玄齡과蕭瑀ᄃᆞ려謂ᄒᆞ야曰隋文帝ᄂᆞᆫ엇더ᄒᆞᆫ主오對ᄒᆞ야曰文帝ㅣ治ᄒᆞᄂᆞᆫᄃᆡ勤ᄒᆞ야ᄆᆡ양朝ᄅᆞᆯ臨ᄒᆞᆷ의或日이昃에至ᄒᆞ고五品已上으로린坐ᄒᆞ야事ᄅᆞᆯ論ᄒᆞᆷ에衛士ㅣ餐을傳ᄒᆞ야食ᄒᆞ니비록性이仁厚ᄂᆞᆫ안으나ᄯᅩᄒᆞᆫ勵精의主니다上이ᄀᆞᆯᄋᆞᄃᆡ公은그ᄒᆞ나만得ᄒᆞ고其二ᄂᆞᆫ知치못ᄒᆞ얏도다文帝ㅣ明치못ᄒᆞ고察ᄒᆞ기ᄅᆞᆯ好ᄒᆞ니明치못ᄒᆞᆫ則照ᄒᆞᆷ이通치못ᄒᆞᆷ이잇고察ᄒᆞᆷ을好ᄒᆞᆫ즉物에疑가多ᄒᆞ야事ᄅᆞᆯ다ᄉᆞ사로決ᄒᆞ고群臣의게任치안이ᄒᆞ니天下ㅣ至廣ᄒᆞ야一日에萬機라비록다시神을勞ᄒᆞ고形을苦ᄒᆞ나엇지能히一一히理에中ᄒᆞ리群臣이임의主意ᄅᆞᆯ知ᄒᆞ니오즉決을取ᄒᆞ야成ᄒᆞᆷ을受ᄒᆞ고비록愆違가有ᄒᆞ나能히諫爭치못ᄒᆞ니이ᄡᅥ二世에亡ᄒᆞᆫ빈니라朕인즉然치안이ᄒᆞ야天下에賢才ᄅᆞᆯ擇ᄒᆞ야百官에寘ᄒᆞ야ᄒᆞ야곰天下의事ᄅᆞᆯ思ᄒᆞ고宰相에게關由ᄒᆞ야便安ᄒᆞᆷ을審熟ᄒᆞᆫ然後에奏聞ᄒᆞ야有功ᄒᆞᆫ즉賞ᄒᆞ고有罪ᄒᆞᆫ즉刑

ᄒᆞ니뉘가敢히心과力을다ᄒᆞ야써職業을修치아니ᄒᆞ리오엇지天下에不治ᄒᆞᆷ을憂ᄒᆞ랴因ᄒᆞ야百司를敕ᄒᆞ되自今으로詔敕이行下ᄒᆞᆷ의便치못ᄒᆞᆫ者ㅣ有ᄒᆞ거던다應히執奏ᄒᆞ고실어금阿從ᄒᆞ야己意를不盡치말라

上이讀明堂鍼灸書ᄒᆞ샤云人五臟之系ㅣ咸附於背라ᄒᆞ야ᄂᆞᆯ詔ᄒᆞ되自今으로毋得笞囚背ᄒᆞ라

上이明堂鍼灸書를讀ᄒᆞ실ᄉᆡ云ᄒᆞ되人의五臟의系가다背에附ᄒᆞ얏다ᄒᆞ야ᄂᆞᆯ詔ᄒᆞ되自今으로실어금囚背를笞ᄒᆞ지말라

(品藻)定其差品及文質如衣裳之加藻文黼黻也

諸宰相이侍宴ᄒᆞᆯ서上이謂王珪曰卿이識鑑이精通ᄒᆞ고復善談論ᄒᆞ니玄齡以下로卿宜悉加品藻ᄒᆞ고且自謂與數子로何如오對曰孜孜奉國ᄒᆞ고知無不爲ᄂᆞᆫ臣不如房玄齡이오才兼文武ᄒᆞ야出將入相은臣不如李靖이오敷奏詳明ᄒᆞ야出納惟允은臣不如溫彥博이오處煩治劇ᄒᆞ야衆務畢擧ᄂᆞᆫ臣不如戴冑오恥君不及堯舜ᄒᆞ야以諫諍으로爲己任은臣不如魏徵이오至於激濁揚淸ᄒᆞ고嫉惡好

善은 臣於數子에 亦有微長이니 上이 深以爲然ᄒᆞ고 衆이 亦服其確論이러라 出本傳 確克角反 言其論堅不可破也

모ᄃᆞᆫ 宰相이 宴에 侍ᄒᆞ엿더니 上이 王珪ᄃᆞ려 謂ᄒᆞ야 曰 卿이 識鑑이 精通ᄒᆞ고 ᄯᅩ 談論을 善히 ᄒᆞ니 玄齡써 下로 卿이 맛당이 다 品藻를 加ᄒᆞ고 ᄯᅩ ᄉᆞᄉᆞ로 謂호ᄃᆡ 數子로 더브러 何如ᄒᆞᆫ고 對ᄒᆞ야 曰 孜孜이 國을 奉ᄒᆞ고 知ᄒᆞᆫ을 爲치 안임이 無ᄒᆞᆷ은 臣이 房玄齡만 갓지 못ᄒᆞ고 才가 文武를 兼ᄒᆞ야 出ᄒᆞ면 將ᄒᆞ고 入ᄒᆞ면 相ᄒᆞᆷ은 臣이 李靖만 갓지 못ᄒᆞ고 敷奏를 詳明히 ᄒᆞ야 出納에 오직 允ᄒᆞᆷ은 臣이 溫彦博만 갓지 못ᄒᆞ고 煩을 處ᄒᆞ고 劇을 治ᄒᆞ야 衆務를 畢擧ᄒᆞᆷ은 臣이 戴胄만 갓지 못ᄒᆞ고 君이 堯舜에 及지 못ᄒᆞᆷ을 恥히 ᄒᆞ야 諫諍으로 써 己任을 삼음은 臣이 魏徵만 갓지 못ᄒᆞ고 濁을 激ᄒᆞ고 淸을 揚ᄒᆞ고 惡을 嫉ᄒᆞ고 善을 好ᄒᆞᆷ은 臣이 數子에 ᄯᅩᄒᆞᆫ 微長ᄒᆞᆷ이 有ᄒᆞ니이다 上이 깁히 써 然ᄒᆞ다 ᄒᆞ고 衆이 ᄯᅩ 그 確論을 服ᄒᆞ더라

上之初卽位也에 嘗與群臣으로 語及敎化ᄒᆞ야 上이 曰今承大亂之後ᄒᆞ니 恐斯民이 未易化也ㅣ로라 魏徵이 對曰不然ᄒᆞ니이다 久安之民은 驕佚ᄒᆞᄂᆞ니 驕佚則難敎ᄒᆞ고 經亂之民은 愁苦ᄒᆞᄂᆞ니 愁苦則易化니

譬猶飢者에易爲食ᄒᆞ고渴者에易爲飮也ㅣ니다上이深然之ᄒᆞ어ᄂᆞᆯ封德
彝ㅣ非之曰三代以還으로人漸澆訛故로秦任法律ᄒᆞ고漢雜覇
道ᄒᆞ야蓋欲化而不能이어ᄂᆞᆯ豈能之而不欲耶아魏徵은書生이라未
識時務ᄒᆞ니若信其虛論이면必敗國家ᄒᆞ리다

上이처음으로位에即홈의항상群臣으로더부러語가敎化에及ᄒᆞ야上이日이제大
亂의後를承ᄒᆞ니斯民이易化치안이홀셔恐ᄒᆞ노라魏徵이曰然치안이ᄒᆞ이이다久
安의民은驕佚ᄒᆞᄂᆞ니驕佚ᄒᆞᆫ즉敎ᄒᆞ기難ᄒᆞ고經亂ᄒᆞᆫ民은愁苦ᄒᆞᄂᆞ니愁苦ᄒᆞᆫ즉化
ᄒᆞ기易ᄒᆞᄂᆞ니譬컨ᄃᆡ飢ᄒᆞᆫ者에食ᄒᆞ기易ᄒᆞ고渴ᄒᆞᆫ者에飮ᄒᆞ기易홈갓틈이니다上
이깁히然ᄒᆞ거ᄂᆞᆯ封德彝ㅣ非ᄒᆞ야曰三代로써還홈으로人이漸히澆訛ᄒᆞᆫ故로秦은
法律을任ᄒᆞ고漢은覇道를雜ᄒᆞ야대개化케ᄒᆞ고져ᄒᆞ되能치못ᄒᆞ엿거ᄂᆞᆯ엇지能ᄒᆞ
고欲지안이홀라魏徵은書生이라時務를識지못ᄒᆞ니만일그虛論을信ᄒᆞ면반다시
國家를敗홀지니다

徵이曰五帝三王도不易民而化ᄒᆞ야行帝道而帝ᄒᆞ고行王道而
王ᄒᆞ니顧所行이如何耳오昔에黃帝ᄂᆞᆫ征蚩尤ᄒᆞ고顓頊은誅九黎ᄒᆞ고

湯은放桀ᄒ고武王은伐紂ᄒ야皆能身致太平ᄒ니豈非承大亂之後耶아若謂古人이淳樸ᄒ야漸致澆訛ㅣ된則至于今日ᄒ얀當悉化爲鬼魅矣리니人主ㅣ安得而治之리오上이卒從徵言ᄒ다

徵이日五帝와三王도民을易히化치못ᄒ야帝道를行ᄒ면帝ᄒ고王道를行ᄒ면王ᄒ니顧ᄒ건딘行ᄒᆫㅣ바如何ᄒᆷ이오昔에黃帝ᄂᆞᆫ蚩尤를征ᄒ고顓頊은九黎를誅ᄒ고湯은桀을放ᄒ고武王은紂를伐ᄒ야能히身이太平을致ᄒ니엇지大亂의後를承ᄒᆷ이안이니잇가만일古人이淳樸ᄒ야漸히澆訛에致ᄒᆫ다謂ᄒᆯ진딘곳今日에至ᄒ야맛당히다化ᄒ야鬼魅가되리니人主ㅣ엇지시러곰治ᄒ리오上이맛ᄎᆞᆷ내徵의言을從ᄒ다

（鬼魅）老物之精也人面鬼身好惑人山林異氣所生

元年에關中이飢ᄒ야米ㅣ斗直ㅣ絹一匹이오二年에天下ㅣ蝗ᄒ고三年에大水ㅣ어늘上이勤而撫之ᄒ니民雖東西就食이나未嘗嗟怨이러니是歲에天下ㅣ大稔ᄒ야流散者ㅣ咸歸鄕里ᄒ고米斗에不過三四錢이오終歲에斷死刑이纔二十九人이러라東至于海ᄒ고南及五嶺히皆外戶를不閉ᄒ고行旅ㅣ不齎糧ᄒ고取給於道路焉이러라

稔熟也

元年에關中이飢ᄒᆞ야米ㅣ斗에直가絹一匹이오二年에天下ㅣ蝗ᄒᆞ고三年에大水
하거늘上이勤히撫ᄒᆞ니民이비록東西로就食하나일즉嗟怨치아니ᄒᆞ더니是歲에
天下ㅣ大稔ᄒᆞ야流散ᄒᆞᆫ者ㅣ다鄕里로歸ᄒᆞ고米ㅣ斗에三四錢에過ᄒᆞ지아니ᄒᆞ고
歲가終ᄒᆞᆷ의死刑을斷ᄒᆞᆷ이겨우二十九人이라東으로海에至ᄒᆞ고南으로五嶺에及
ᄒᆞ기디外戶를閉ᄒᆞ지안코行旅ㅣ糧을齎치아니ᄒᆞ고給을道路에取ᄒᆞ더라

帝ㅣ謂群臣曰此ᄂᆞᆫ魏徵이勸我行仁義ᄒᆞ야旣效矣라惜不令封德彝로見之로다 出魏徵傳及諫錄

帝ㅣ群臣다려謂ᄒᆞ야曰魏徵이我를勸ᄒᆞ야仁義를行ᄒᆞ야이믜效ᄒᆞᆫ지라封德彝로
ᄒᆞ야금見치못ᄒᆞᆷ이惜ᄒᆞ도다

上이謂長孫無忌曰貞觀之初에上書者ㅣ皆云호ᄃᆡ人主ㅣ當獨運威權이오不可委之臣下ㅣ라ᄒᆞ고又云호ᄃᆡ宜震耀威武ᄒᆞ야征討四夷라호ᄃᆡ唯魏徵이勸朕ᄒᆞ야偃武修文ᄒᆞ야中國이旣安ᄒᆞ고四夷ㅣ自服ᄒᆞ니朕이用其言이러니今頡利ㅣ成擒에其酋長이並帶刀宿衛ᄒᆞ고部落이皆襲衣冠은徵之力也ㅣ니라

上이長孫無忌다려謂하야曰貞觀의初에上書ᄒᆞᆫ者ㅣ다云ᄒᆞ듸人主맛당이獨히威權을運ᄒᆞᆯ거이오可히臣下에委치못ᄒᆞ리라ᄒᆞ고또云호듸맛당이威武를震耀ᄒᆞ야四夷를征討하라호듸오즉魏徵이朕을勸ᄒᆞ야武를偃ᄒᆞ고文을修ᄒᆞ야中國이이미安ᄒᆞ고四夷가스사로服ᄒᆞ니朕이그言을用ᄒᆞᆷ이오이제頡利ㅣ다擒ᄒᆞᆷ의그酋長이並히刀를帶ᄒᆞ야宿衛ᄒᆞ고部落이다衣冠을襲ᄒᆞᆷ은徵의力이니라

徵이再拜謝曰突厥이破滅ᄒᆞ고海內康寧은皆陛下威德이니臣何力焉이리잇고上이曰朕能任公ᄒᆞ고公能稱所任ᄒᆞ니則其力이豈獨在朕乎아

徵이再拜ᄒᆞ고謝ᄒᆞ야曰突厥이破滅ᄒᆞᆷ의海內가康寧ᄒᆞᆷ은다陛下의威德이니臣이엇지力ᄒᆞ얏쓰릿고上이曰朕이能히公을任ᄒᆞ고公히能히任ᄒᆞᆫ바를稱ᄒᆞ니곳其力이읏지獨히朕에만在ᄒᆞ랴

房玄齡이奏호듸閱府庫甲兵ᄒᆞ니遠勝隋世니다上이曰甲兵은武備라誠不可闕이나然이나煬帝ㅣ甲兵이豈不足耶아卒亡天下ᄒᆞ니若公等이盡力ᄒᆞ야使百姓으로乂安이면此乃朕之甲兵也니라

房玄齡이奏ᄒᆞᄃᆡ府庫에甲兵을閱ᄒᆞ니멀니隋世에勝ᄒᆞ니이다上이曰甲兵은武備라진실로可히闕치못ᄒᆞᆯ것이나然이나煬帝ㅣ甲兵이읏지足지못ᄒᆞ랴맛ᄎᆞᆷ니天下를亡ᄒᆞ니만일公等이力을盡ᄒᆞ야百姓으로하여금乂安ᄒᆞ면此가이에朕의甲兵이니라

唐紀

太宗皇帝中

(辛卯)貞觀五年이라河內人李好德이得心疾ᄒᆞ야妄爲妖言이어ᄂᆞᆯ詔按其事ᄒᆞᆫᄃᆡ大理丞張蘊古ㅣ奏ᄒᆞᄃᆡ好德이被疾有徵ᄒᆞ니法不當坐니다治書侍御史權萬紀ㅣ劾奏ᄒᆞᄃᆡ蘊古ㅣ貫在相州ᄒᆞ야好德之兄厚德이爲其刺史ᄒᆞ니情在阿縱ᄒᆞ야按事不實이니이다上이怒ᄒᆞ야命斬之於市ᄒᆞ고旣而悔之ᄒᆞ야因詔ᄒᆞᄃᆡ自今으로有死罪ᄒᆞ야雖令即決이나仍三覆奏ᄒᆞ고乃行刑ᄒᆞ라ᄒᆞ다 (出刑法志)

(徵法)徵證也驗也

貞觀五年이라河內人李好德이心疾을得ᄒᆞ야妖言을妄爲ᄒᆞ거ᄂᆞᆯ詔ᄒᆞ야其事를按

ᄒᆞ라ᄒᆞᆫᄃᆡ大理丞張蘊古ㅣ奏호ᄃᆡ好德이疾을被ᄒᆞ야徵이有ᄒᆞ니法에맛당이坐치아니ᄒᆞᆯ지니이다治書侍御史權萬紀ㅣ劾奏호ᄃᆡ蘊古ㅣ相州에貫在ᄒᆞ야好德의兄厚德이그刺史가되야情이阿縱에在ᄒᆞ야事를按홈이實치못ᄒᆞ니이다上이怒ᄒᆞ야命ᄒᆞ야市에斬ᄒᆞ고旣而오悔ᄒᆞ야因詔호ᄃᆡ自今으로死罪가有ᄒᆞ야비록ᄒᆞ야곰即決ᄒᆞᆯ것이나仍히三覆ᄒᆞ야奏ᄒᆞ고이에刑을行ᄒᆞ라ᄒᆞ다

初에上이令羣臣으로議封建ᄒᆞ더니 魏徵이 議以爲若封建諸侯則卿大夫를咸資俸祿ᄒᆞ야必致厚斂이니다

初에上이群臣으로ᄒᆞ야곰封建을議ᄒᆞᆫᄃᆡ魏徵이議ᄒᆞ야써호ᄃᆡ만일諸侯를封建ᄒᆞᆫ즉卿大夫를다俸祿을資ᄒᆞ야반다시厚斂을致ᄒᆞᆯ것이니이다

李百藥이以爲使勳戚子孫으로 皆有民有社면 易世之後에 將驕淫自恣ᄒᆞ야 攻戰相殘이면 害民尤深ᄒᆞ리니 不若守令之迭居也니다

李百藥이써ᄒᆞ되勳戚子孫으로ᄒᆞ야곰다民을有ᄒᆞ고社를有ᄒᆞ게ᄒᆞ면世가易ᄒᆞᆫ後에장ᄎᆞ驕淫ᄒᆞ고自恣ᄒᆞ야攻戰ᄒᆞ야서로殘ᄒᆞ야民을害홈이尤深ᄒᆞᆯ이니守令으로迭居ᄒᆞ는것만갓지못ᄒᆞ니이다

顔師古ㅣ以爲不若分王宗子니 勿令過大ᄒᆞ고 間以州縣으로雜

錯而居ᄒᆞ야 互相維持ᄒᆞ고 使各守其境ᄒᆞ야 協力同心이면 足扶京室이니이다

顔師古ㅣ써ᄒᆞ되宗子를分王ᄒᆞ니만갓지못ᄒᆞ나ᄒᆞ야금過大치말게ᄒᆞ고間에州縣으로써雜錯ᄒᆞ야居ᄒᆞ야서로維持ᄒᆞ게ᄒᆞ고ᄒᆞ야금各히그境을守ᄒᆞ야力를協ᄒᆞ며心을同ᄒᆞ게ᄒᆞ오면足히京室를扶ᄒᆞᆯ것이니라

十一月에 詔ᄒᆞ되 皇家宗室及勳賢之臣을 宜令作鎭藩部ᄒᆞ야 貽厥子孫ᄒᆞ되 非有大故면 無或黜免이니 所司ㅣ 明爲條例ᄒᆞ야 定等級以聞ᄒᆞ라 (出唐策)

十一月에詔ᄒᆞ되皇家宗室과밋勳賢의臣을맛당히ᄒᆞ야금鎭藩部를作ᄒᆞ야그子孫에貽ᄒᆞ되大故가有ᄒᆞ지안으면或黜免ᄒᆞᆷ이無ᄒᆞᆯ지니所司ㅣ밝히條例를ᄒᆞ야等級을定ᄒᆞ야써聞ᄒᆞ라

上이 謂侍臣曰朕이 以死刑이 至重故로 令三覆奏ᄂᆞᆫ 蓋ㅣ 欲思之詳熟故也어늘 而有司ㅣ 須臾之間에 三覆을 已訖ᄒᆞ고 又古刑에 人君이 爲之徹樂減膳ᄒᆞ니이다 朕庭에 無常設之樂이나 然이나 當爲之

三覆覆審也

不啖酒肉이이 (啖杜覽反) 但未有著令ᄒᆞ고 (著陟慮反著在法令中也) 又有司斷獄에 唯據律文ᄒᆞ야 雖情在可矜이나 而不敢違法ᄒᆞ니 其間에 豈能盡無冤乎아

上이侍臣다려謂ᄒᆞ야曰朕이死刑이至重한故로써하야곰三覆하야奏케ᄒᆞᆷ은ᄃᆡ개思의詳熟하고저함인故여늘有司ㅣ須臾의間에三覆을임의訖ᄒᆞ고ᄯᅩ古刑에人君이爲ᄒᆞ야樂을徹ᄒᆞ며膳을減ᄒᆞ엿다ᄒᆞ니朕庭에常設ᄒᆞᆫ樂은無ᄒᆞ나然ᄒᆞ나맛당이爲ᄒᆞ야酒肉을啖치안이ᄒᆞ겟거늘다만著令이有치아이ᄒᆞ고ᄯᅩ有司ㅣ獄을斷ᄒᆞᆷ이오쟉律文을據ᄒᆞ야비록情이可矜ᄒᆞᆷ에在하야敢히法을違치아니ᄒᆞ니其間에웃지能히다冤이無ᄒᆞ랴

丁亥에 制호되 決死囚者는 二日中에 五覆奏ᄒᆞ고 下諸州者는 三覆奏ᄒᆞ야 行刑之日에 尙食이나 勿進酒肉ᄒᆞ고 內敎坊及太常이 不擧樂ᄒᆞ고 皆令門下로 覆視ᄒᆞ야 有據法當死로되 而情可矜者를 錄狀以聞케ᄒᆞ니 由是로 全活이 甚衆이라 其五覆奏者는 以決前一二日ᄒᆞ고 至決日ᄒᆞ야 又三覆奏ᄒᆞ고 惟犯惡逆者는 一覆奏而已러라 (出刑法志及政要)

丁亥에制호ᄃᆡ死囚를決ᄒᆞᆯ者ᄂᆞᆫ二日中에五覆ᄒᆞ야奏ᄒᆞ고諸州에下ᄒᆞᆯ者ᄂᆞᆫ三覆ᄒᆞ야奏ᄒᆞ야行刑의日에苟히食하나酒肉을進하지말고內敎坊과밋太常이樂을擧치말고다門下로하여곰覆視ᄒᆞ야法에據ᄒᆞ야死에當ᄒᆞᆷ이有호ᄃᆡ情이可矜ᄒᆞᆫ者를狀에錄ᄒᆞ야써聞케ᄒᆞ니是로由ᄒᆞ야全活이甚衆ᄒᆞᆫ지라그五覆ᄒᆞ야奏ᄒᆞᆯ者ᄂᆞᆫ決前의一二日로써ᄒᆞ고決日에至ᄒᆞ야ᄯᅩ三覆ᄒᆞ야奏ᄒᆞ고오쟉惡逆을犯ᄒᆞᆫ者ᄂᆞᆫ一覆ᄒᆞ야奏ᄒᆞᆯᄯᆞ름이러라

上이謂執政曰朕이常恐因喜怒ᄒᆞ야妄行賞罰故로欲公等이極諫ᄒᆞ노니公等이亦宜受人諫ᄒᆞ야不可以己之所欲으로惡人違之니苟自不能受諫이면安能諫人이리오 出政要

上이執政다려謂하야曰朕이항상喜怒를因하야賞罰을妄行할가恐ᄒᆞᄂᆞᆫ故로公等이極諫ᄒᆞᆷ을欲ᄒᆞ노니公等이ᄯᅩᄒᆞᆫ맛당이人諫을受ᄒᆞ야可히己의欲ᄒᆞᄂᆞᆫ바로써人의違ᄒᆞᆷ을惡ᄒᆞ지말지니苟히ᄉᆞᄉᆞ로能히諫를受치안이ᄒᆞ면엇지能히人을諫ᄒᆞ리오

康國이求內附ᄒᆞ여늘上이曰前代帝王이好招來絕域ᄒᆞ야以求服遠之名ᄒᆞ니無益於用ᄒᆞ고而靡弊百姓이러니今에康國이內附ᄂᆞᆫ儻有急

難이니 於義에 不得不救어니와 師行萬里면 豈不勞疲리오 勞百姓ᄒᆞ야 以取虛名은 朕不爲也라ᄒᆞ고 遂不受ᄒᆞ다 出政要

康國이內附ᄒᆞ기를求ᄒᆞ거ᄂᆞᆯ上이日前代의帝王이絕域을招來함을好ᄒᆞ야써服遠ᄒᆞᄂᆞᆫ名을求ᄒᆞ니用에益함이無ᄒᆞ고百姓을靡弊ᄒᆞ더니今에康國이內附함은儻히急難이有ᄒᆞᆷ이니義에시러금救치아니치못ᄒᆞ려니와師ㅣ萬里에行ᄒᆞ면엇지勞疲치안이ᄒᆞ리오百姓을勞ᄒᆞ야써虛名을取함은朕이하지안ᄂᆞᆫ다ᄒᆞ고드ᄃᆡ여受치안타

上이 謂侍臣曰 治國이 如治病ᄒᆞ야 病雖愈ᄂᆞ 尤宜將護ㅣ니 儻遂自放縱ᄒᆞ야 病復作이면 則不可救矣ㅣ라 今에 中國이 幸安ᄒᆞ고 四夷ㅣ 俱服ᄒᆞ니 誠自古所希ᄂᆞ 然이ᄂᆞ 朕이 日愼一日ᄒᆞ야 唯懼不終故로 欲數聞卿輩의 諫爭也로라

上이侍臣다려謂ᄒᆞ야曰國을治함이病을治ᄒᆞᆷ과如ᄒᆞ이病이비록愈ᄒᆞ나더욱맛당이장찻護ᄒᆞᆯ지니혹뭇득스ᄉᆞ로放縱ᄒᆞ야病이다시作ᄒᆞ면곳可히救치못ᄒᆞᆯ지라今에中國이幸安ᄒᆞ고四夷가俱服ᄒᆞ니진실노古로붓터希ᄒᆞᆫ빈ᄂᆞ然이ᄂᆞ朕이日로一日을愼ᄒᆞ야오쟉終ᄒᆞ지못ᄒᆞᆯ싸懼ᄒᆞᄂᆞᆫ故로자죠卿輩의諫爭을聞ᄒᆞ고져ᄒᆞ노

라

魏徵이曰內外ㅣ治安이라도臣은不以爲喜오唯喜陛下ㅣ居安思危耳니다 出政要

魏徵이曰內外ㅣ治安ᄒᆞ드ᄃᆡ도臣은ᄡᅥ喜라ᄒᆞ지안이ᄒᆞ고오쥭陛下ㅣ安에居ᄒᆞ야危를思ᄒᆞᆷ을喜ᄒᆞᄂᆞ니라

掃地而祭祀郊特牲而祭大報天地兆於南郊就陽位也掃地而祭於其質也

(壬辰)六年이라正月에文武官이復請封禪ᄒᆞᆫᄃᆡ上이曰卿輩ᄂᆞᆫ皆以封禪으로爲帝王盛事나朕意ᄂᆞᆫ不然ᄒᆞ니若天下ㅣ乂安ᄒᆞ야家給人足이면雖不封禪이나庸何傷乎아昔에秦始皇은封禪而漢文帝ᄂᆞᆫ不封禪ᄒᆞ니後世에豈以文帝之賢으로不及始皇耶아且事天인ᄃᆡ掃地而祭어ᄂᆞᆯ何必登泰山之巓ᄒᆞ야封數尺之土然後에可以展其誠敬乎아

六年이라正月에文武官이다시封禪을請ᄒᆞᆫᄃᆡ上이曰卿輩ᄂᆞᆫ다封禪으로ᄡᅥ帝王의盛事를삼으ᄂᆞ朕意ᄂᆞᆫ然치안이ᄒᆞ니만일天下ㅣ乂安ᄒᆞ야家ㅣ給ᄒᆞ며人이足ᄒᆞ면비록封禪치안이ᄒᆞ나ᄡᅥ무엇이傷ᄒᆞ랴昔에秦始皇은封禪ᄒᆞ고漢文帝ᄂᆞᆫ封禪치아

니ᄒᆞ니後世에웃지文帝의賢으로써始皇에게及치못ᄒᆞᆫ다ᄒᆞ랴또ᄒᆞᆫ天을事ᄒᆞᆯ진ᄃᆡ地를掃ᄒᆞ야祭ᄒᆞᆯ것이어늘웃지반다시泰山의巓에登ᄒᆞ야數尺의土를封ᄒᆞᆫ然後에야可히써그誠敬을展ᄒᆞ랴

群臣이猶請之不已어늘上이亦欲從之ᄒᆞᆫᄃᆡ魏徵이以爲不可어늘上이曰公이不欲朕封禪者는以功未高耶아曰高矣니다德이未厚耶아曰厚矣니다中國이未安耶아曰安矣니다四夷ㅣ未服耶아曰服矣니다年穀이未豊耶아曰豊矣니다符瑞ㅣ未至耶아曰至矣니다然則何爲不可封禪고

羣臣이오히려請ᄒᆞᆷ을마지안커늘上이또ᄒᆞᆫ從ᄒᆞ려ᄒᆞᆫᄃᆡ魏徵이써不可ᄒᆞ다ᄒᆞ거늘上이曰公이朕이封禪ᄒᆞᆷ을欲치안ᄂᆞᆫ者ᄂᆞᆫ써功이高치못ᄒᆞᆷ이냐曰高ᄒᆞ니다德이厚치못ᄒᆞᆷ이냐曰厚ᄒᆞ니다中國이安치못ᄒᆞᆷ이냐曰安ᄒᆞ니다四夷ㅣ服지못ᄒᆞᆷ이냐曰服ᄒᆞᆷ이니다年穀이豊치못ᄒᆞᆷ이냐曰豊ᄒᆞ니다符瑞가至ᄒᆞ지못ᄒᆞᆷ이냐曰至ᄒᆞᄂᆡ이다然ᄒᆞᆫ則何로封禪ᄒᆞᆷ이可치안타ᄒᆞᄂᆞᆫ고

對曰陛下ㅣ雖有此六者ㅣ나然이나承隋末大亂之後ᄒᆞ야戶口ㅣ未復ᄒᆞ고倉廩이尙虛어늘而車駕ㅣ東巡이면其供이頓勞ᄒᆞ야費不易任也

扈衛諫侍從也

오 且陛下ㅣ封禪인된 則萬國이 咸集ᄒᆞ고 遠夷君長이 皆當扈從ᄒᆞ니
自今伊洛以東으로 至于海岱히 煙火ㅣ 尙希ᄒᆞ야 萑莽極月ᄒᆞ니 此는
乃引戎狄入腹中ᄒᆞ야 示之以虛弱也오 況賞賚不貲ᄒᆞ야 未厭遠
人之望ᄒᆞ고 給復連年에 不賞百姓之勞ᄒᆞ니 崇虛名而受實害ᄒᆞ리니
陛下ㅣ將焉用之리잇고 會에 河南北數州에 大水ᄒᆞ야 事ㅣ 遂寢ᄒᆞ다 出諫錄

對ᄒᆞ야曰陛下ㅣ비록이六者ㅣ有ᄒᆞ나然ᄒᆞ나隋末大亂의後를承ᄒᆞ야戶口가復지
못ᄒᆞ고倉廩이尙虛ᄒᆞ거늘車駕ㅣ東으로巡ᄒᆞ면그供ᄒᆞᆷ이頓勞ᄒᆞ야費를易任치못
ᄒᆞᆯ것이오ᄯᅩ陛下ㅣ封禪ᄒᆞ실진된곳萬國이다集ᄒᆞ고遠夷의君長이다맛당이扈從
ᄒᆞᆯ이니이제伊洛써東으로부터海岱에至ᄒᆞ기煙火가尙希ᄒᆞ야萑莽이極月ᄒᆞ니이
는이에戎狄를引ᄒᆞ야腹中에入ᄒᆞ야虛弱으로써示ᄒᆞᆷ이오ᄒᆞ믈며賞賚가貲치못ᄒᆞ
야遠人의望을厭치못ᄒᆞ고給復連年에百姓의勞를賞치못ᄒᆞ니虛名만崇ᄒᆞ고實害
를受ᄒᆞ리니陛下ㅣ장찻엇지用ᄒᆞ리잇고맛참河南北數州에大水ᄒᆞ야事ㅣ드듸여
寢ᄒᆞ다

上이 嘗罷朝에 怒曰會에 須殺此田舍翁이라ᄒᆞ야늘 后問爲誰잇고 上이

曰魏徵이每廷辱我로라后ㅣ退ㅎ야具朝服ㅎ고立于庭이어늘上이驚問其故ㅎ딘后ㅣ曰妾은聞主明臣直이라ㅎ니今에魏徵이直은由陛下之明故也라妾이敢不賀리잇고上이乃悅ㅎ다 出諫錄

上이일즉朝를罷홈의怒ㅎ야曰會에須히此田舍翁을殺ㅎ리라ㅎ야늘后ㅣ問호딕誰가되느잇고上이曰魏徵이每히廷에셔我를辱ㅎ느도다后ㅣ退ㅎ야朝服을具ㅎ고庭에立ㅎ거늘上이驚ㅎ야其故를問ㅎ딕后ㅣ曰妾은聞ㅎ니主가明ㅎ면臣이直ㅎ다ㅎ니今에魏徵이直홈은陛下에明ㅎ심을由홈인故라妾이敢이賀ㅎ지안이홀리잇고上이이에悅ㅎ다

宴三品以上於丹霄殿홀셔上이從容言曰中外乂安은皆公卿之力이나然이나隋煬帝ㅣ威加夷夏ㅎ되頡利는跨有北荒ㅎ고統葉護은雄居西域이러니今皆覆亡ㅎ니(葉失涉反)此乃朕與公等으로所親見이라勿矜彊盛ㅎ야以自滿也니라 出政要

三品以上을丹霄殿에宴홈실서上이從容이言ㅎ야曰中外가乂安홈은다公卿의力이나然이나隋煬帝ㅣ威가夷夏에加호딕頡利는北荒을跨有ㅎ고統葉護는西域에雄

居ᄒᆞ얏더니今에다覆亡ᄒᆞ얏스니此ᄂᆞᆫ이朕이公等으로더부러親見ᄒᆞᆫ바라彊盛ᄒᆞᆷ을矜ᄒᆞ야써自滿ᄒᆞ지말지니라

上이宴近臣於丹霄殿ᄒᆞᆯ새長孫無忌ㅣ曰王珪魏徵이昔爲仇讐ᄒᆞ니不謂今日에得同此宴이니다上이曰徵珪ㅣ盡心所事故로我ㅣ用之ᄒᆞᄂᆞ然이나徵이每諫에我ㅣ不從ᄒᆞ고我ㅣ與之言에輒不應은何也오魏徵이對曰臣이以事爲不可故로諫이어ᄂᆞᆯ若陛下ㅣ不從ᄒᆞ고而臣이應之則事遂施行故로不敢應이니다上이曰且應而復諫이면庸何傷이리오

上이近臣을丹霄殿에宴ᄒᆞᆯ새長孫無忌ㅣ曰王珪와魏徵이昔에仇讐가되니今日에시러금此宴을同ᄒᆞᆷ을謂치못ᄒᆞ얏ᄂᆞ니다上이曰徵과珪가事ᄒᆞᄂᆞᆫ바에心을盡ᄒᆞᄂᆞᆫ故로我ㅣ用ᄒᆞᄂᆞ然이나徵이每諫ᄒᆞᆷ에我ㅣ從치안이ᄒᆞ고我ㅣ더부러言ᄒᆞ미믄득應치안이ᄒᆞᆷ은엇짐인고魏徵이對ᄒᆞ야曰臣이事가可치안이ᄒᆞᆫ故로써諫ᄒᆞ거ᄂᆞᆯ만일陛下ㅣ從치안이ᄒᆞ고臣이應ᄒᆞᆫ즉事가드듸여施行ᄒᆞᆯ故로敢이應치아이ᄒᆞᆷ이니다上이曰또應ᄒᆞ고다시諫ᄒᆞ면써무엇이傷ᄒᆞ리오

對曰昔에舜이戒羣臣호ᄃᆡ爾無面從ᄒᆞ고退有後言이라ᄒᆞ니臣이心知其非ᄒᆞ고而口應陛下면乃面從也ㅣ니豈稷契의事舜之意耶잇가上이大笑曰人言魏徵이擧止ㅣ踈慢이라ᄒᆞ더니我ㅣ視之ᄒᆞ니更覺嫵媚ㅣ正爲此耳로다徵이起拜謝曰陛下ㅣ開臣使言故로臣이得盡其愚ㅣ니若陛下ㅣ拒而不受ㅣ면臣이何敢數犯顏色乎잇가 出本傳

對ᄒᆞ야曰昔에舜이群臣을戒호ᄃᆡ爾가面으로從ᄒᆞ고退ᄒᆞ야後言을有ᄒᆞ지말라ᄒᆞ니臣이心으로그非ᄒᆞᆷ을知ᄒᆞ고口로陛下를應ᄒᆞ면이에面으로從ᄒᆞᆷ이니엇지稷과契의舜을事ᄒᆞ든意릿가上이大笑ᄒᆞ야曰人이言호ᄃᆡ魏徵　擧止가踈慢ᄒᆞ다ᄒᆞ더니我ㅣ視ᄒᆞ니다시嫵媚가正이此됨을覺ᄒᆞ겟도다徵이起拜ᄒᆞ고謝ᄒᆞ야曰陛下ㅣ臣의使言ᄒᆞᆷ을開ᄒᆞ시ᄂᆞᆫ故로臣이시러금其愚를盡ᄒᆞᆷ이니만일陛下ㅣ拒ᄒᆞ야受치안이ᄒᆞ시면臣이엇지敢히쟈주顏色을犯ᄒᆞ오릿가

秘書少監虞世南이上聖德論이어ᄂᆞᆯ上이賜手詔稱호ᄃᆡ卿論이太高ㅣ라朕이何敢擬上古리오但比近世애差勝耳ᄂᆞ然이나卿이適觀其始ᄒᆞ고未知其終이라若朕이能愼終이如始則此論를可傳이어니와如或

不然이면 恐徒使後世로 笑卿也ᄒᆞ노라

秘書少監虞世南이 聖德論을 上ᄒᆞ거늘 上이 手詔를 賜ᄒᆞ야 稱ᄒᆞ되 卿의 論이 太高
ᄒᆞ지라 朕이 엇지 敢히 上古에 擬ᄒᆞ리오 다만 近世에 比ᄒᆞᆷ에 差勝ᄒᆞᄂᆞ 然이나 卿이
맛침 其始만 觀ᄒᆞ고 其終은 知치 못ᄒᆞᆫ지라 만일 朕이 能히 終을 愼ᄒᆞᆷ이 始와 如ᄒᆞᆫ
즉 此論을 可이 傳ᄒᆞ려니와 만일 或不然ᄒᆞ면 ᄒᆞᆫ갓 後世로ᄒᆞ야곰 卿를 笑ᄒᆞᆯ가 恐ᄒᆞ
노라

九月己酉에 幸慶善宮ᄒᆞ니 上의 生時故宅也라 因與貴臣으로 宴ᄒᆞᆯ서 賦詩에 起居郎呂才ㅣ 被之管絃ᄒᆞ고 命曰功成慶善樂이라ᄒᆞ고 王氏曰以童兒八十 四人冠進賢冠紫袴褶長袖漆髻屣履而舞進蹈安徐以象文德後更號九功舞取尙書九功惟叙之義 使童子八佾로 爲九功之舞ᄒᆞ야 行列曰佾一列 八人天子八佾八八六十四人諸侯六佾大夫四佾士二佾有命之舞 大宴會ᄒᆞᆯ서 與破陳舞로 皆奏於庭이러라

九月己酉에 慶善宮에 幸ᄒᆞ니 上의 生時故宅이라 因ᄒᆞ야 貴臣으로더부러 宴ᄒᆞᆯ시 賦
詩ᄒᆞᆷ에 起居郎呂才ㅣ 管絃에 被ᄒᆞ고 命ᄒᆞ여 曰功成慶善樂이라ᄒᆞ고 童子八佾로ᄒᆞ
야곰 九功의 舞를ᄒᆞ야 크게 宴會ᄒᆞᆯ시 破陳舞로더부러다 庭에셔 奏ᄒᆞ더라

同州刺史尉遲敬德이 預宴ᄒᆞᆯ서 有班이 在其上坐者어늘 敬德이 怒曰汝ㅣ 何功이 在我上고 任城王道宗이 次其下라가 論解之ᄒᆞᆫ디 敬

德拳毆道宗하야 目幾眇ㅣ라 上이 不懌而罷하고 謂敬德曰 朕이 見漢高祖ㅣ 誅滅功臣하고 意常尤之故로 欲與卿等으로 共保富貴하야 令子孫으로 不絕이나 然이나 卿이 居官에 數犯法하니 乃知韓彭葅醢ㅣ (葅爭魚反醢呼在反韓信彭越漢高祖誅之故云葅醢也切之四才爲葅藍肉爲醢) 非高祖之罪也라 國家綱紀는 唯賞與罰이오 非分之恩은 (分扶問反) 不可數得이니 勉自修飭하야 無貽後悔케하라 敬德이 由是로 始懼而自戢이러라

同州刺史尉遲敬德이 宴에 預ᄒᆞᆯᄉᆡ 班이 그 上坐에 在ᄒᆞᆫ者ㅣ 有ᄒᆞ거늘 敬德이 怒ᄒᆞ야 曰汝가 무ᄉᆞᆫ 功이 我上에 在ᄒᆞᆫ고 任城王道宗이 그 下에 次ᄒᆞ얏다가 論解ᄒᆞᆫ대 敬德이 道宗을 拳毆ᄒᆞ야 目이 거의 眇할번ᄒᆞᆫ지라 上이 懌치안이ᄒᆞ야 罷ᄒᆞ고 敬德다려 謂ᄒᆞ야曰 朕이 漢高祖ㅣ 功臣을 誅滅ᄒᆞᆷ을 見ᄒᆞ고 意에 항샹 尤ᄒᆞᆫ 故로 卿等으로더부러 富貴를 共保ᄒᆞ야 子孫으로ᄒᆞ야금 絕치안이ᄒᆞ고자ᄒᆞᄂᆞ 然ᄒᆞ나 卿이 官에 居ᄒᆞᆷ의 자조 法을 犯ᄒᆞ니 이에 韓彭의 葅醢가 高祖의 罪가 안임을 知ᄒᆞᆯ지라 國家에 綱紀는 오쟉 賞과다못 罰이오 非分의 恩는 可히 자조 得ᄒᆞ지못ᄒᆞᆯ지니 勉ᄒᆞ야 ᄉᆞᄉᆞ로 修飭ᄒᆞ야 後悔를 貽ᄒᆞᆷ이 無ᄒᆞ게ᄒᆞ라 敬德이 是로 由ᄒᆞ야 비로소 懼ᄒᆞ야 ᄉᆞᄉᆞ로 戢ᄒᆞ더라

以左光祿大夫陳叔達로 爲禮部尙書ᄒᆞ고 帝ㅣ謂叔達曰卿이 武德中에 有讜言故로讜他朗反善言也 以此官으로 相報노라 對曰臣은 見隋室이 父子ㅣ相殘ᄒᆞ야 以取亂亡ᄒᆞ니 當日之言은 非爲陛下오 乃社稷之計耳니이다 出政要

左光祿大夫陳叔達로써禮部尙書를삼고帝ㅣ叔達다려謂ᄒᆞ야曰卿이武德中에讜言이有ᄒᆞᆫ故로此官으로써相報ᄒᆞ노라對ᄒᆞ야曰臣은隋室이父子ㅣ서로殘ᄒᆞ야써亂亡을取ᄒᆞᆷ을보니當日에言은陛下를爲ᄒᆞᆷ이안이오이에社稷의計니이다

帝與侍臣으로 論安危之本ᄒᆞᆯᄉᆡ 中書令溫彦博이 曰伏願陛下ᄂᆞᆫ 常如貞觀初則善矣니다 帝ㅣ曰朕이 比來에 怠於爲政乎아

帝가侍臣으로더부러安危의本을論ᄒᆞᆯᄉᆡ中書令溫彦博이曰願컨ᄃᆡ陛下ᄂᆞᆫ항상貞觀의初와갓치ᄒᆞᆫ則善ᄒᆞ니다帝ㅣ曰朕이比來의政을ᄒᆞᆷ에怠ᄒᆞ냐

魏徵이 曰貞觀之初에ᄂᆞᆫ 陛下ㅣ志在節儉ᄒᆞ고 求諫不倦이러니 比來에 營繕이 微多ᄒᆞ야 諫者ㅣ頗有忤旨ᄒᆞ니 忤五故反逆也 此ㅣ其所以異耳이니다 帝ㅣ

撫掌大笑曰誠有是事로라 出諫錄

魏徵이曰貞觀의初에는陛下ㅣ志가節儉에在ᄒᆞ고諫을求ᄒᆞᆷ을倦치안이ᄒᆞ더니比來에營繕ᄒᆞᆷ이微多ᄒᆞ야諫ᄒᆞᄂᆞᆫ者ㅣ쟈못忤旨ᄒᆞᆷ이有ᄒᆞ니이고써異ᄒᆞᆫ바니이다帝ㅣ掌을撫ᄒᆞ고大笑ᄒᆞ야曰진실노是事가有ᄒᆞ엿노라

上이謂侍臣曰朕이比來에決事ㅣ或不能이면皆如律令ᄒᆞ되公輩는以爲事小로不復執奏ᄒᆞ니夫事는無不由小以致大ㅣ니此ㅣ乃危亡之端也라昔에關龍逄이忠諫而死ᄒᆞ니朕이每痛之ᄒᆞ노라煬帝는驕暴而亡ᄒᆞ니公輩ㅣ所親見也라公輩는常宜爲朕ᄒᆞ야思煬帝之亡ᄒᆞ고朕은常爲公輩ᄒᆞ야念關龍逄之死면何患君臣이不相保乎아 出政要

上이侍臣다려謂ᄒᆞ야曰朕이比來에事를決ᄒᆞᆷ이或能치못ᄒᆞ면다律令과如히ᄒᆞ되公輩는事ㅣ小ᄒᆞᆷ으로써다시執奏ᄒᆞ지아이ᄒᆞ니되져事는小로由ᄒᆞ야써大에致ᄒᆞ지안임이업ᄂᆞ니此ㅣ이에危亡의端이라昔에關龍逄이忠諫ᄒᆞ다가死ᄒᆞ니朕이미양痛ᄒᆞ노라煬帝는驕暴ᄒᆞ다가亡ᄒᆞ니公輩ㅣ親이見ᄒᆞᆫ바라公輩는항상맛당이朕

을爲ᄒᆞ야煬帝의亡홈을思ᄒᆞ고朕은항상公輩를爲ᄒᆞ야關龍逢의死를念ᄒᆞ면웃지
君과臣이서로保ᄒᆞ지못홈을患ᄒᆞ라

上이謂魏徵曰爲官擇人을不可造次ㅣ니用一君子則君子ㅣ皆至오用一小人則小人이競進矣라ᄃᆡ對曰然ᄒᆞ니天下ㅣ未定則專取其才ᄒᆞ고不考其行이오喪亂이旣平則非才行이兼備면不可用也니이다 出諫錄

上이魏徵다려謂ᄒᆞ야曰官이되야人을擇홈을可이造次치못홀지니一君子를用ᄒᆞᆫ則君子ㅣ다至ᄒᆞ고一小人을用ᄒᆞᆫ則小人이競進ᄒᆞ리라對ᄒᆞ야曰然ᄒᆞᄂᆞ天下ㅣ未定ᄒᆞᆫ則專히그才를取ᄒᆞ고그行을考치안이홀지오喪亂이이미平ᄒᆞᆫ즉才行이兼備홈이안이면可히用치못홀것이니라

(癸巳)七年이라正月에更名破陳樂ᄒᆞ야曰七德舞라ᄒᆞ다

七年이라正月에다시破陳樂을名ᄒᆞ야갈ᄋᆞᄃᆡ七德舞라ᄒᆞ다

癸巳에宴三品以上及州牧蠻夷酋長於玄武門ᄒᆞ시고奏七德九功之舞ᄒᆞ다

癸巳에三品以上과밋州牧과蠻夷酋長을玄武門에宴ᄒᆞ실ᄉᆡ七德과九功의舞를奏ᄒᆞ다

魏徵이欲上偃武修文ᄒᆞ야每侍宴에見七德舞ᄒᆞ야든輒俛首不視ᄒᆞ다가見九功舞ᄒᆞ야ᄂᆞᆫ則諦觀之ᄒᆞ더라（出本傳　諦丁計反審也）

魏徵이上으로武를偃ᄒᆞ고文을修케ᄒᆞ고자ᄒᆞ야ᄆᆡ양宴에侍ᄒᆞᆷ의七德舞를見ᄒᆞ야ᄂᆞᆫ믄득首를俛ᄒᆞ고視ᄒᆞ지아니ᄒᆞ다가九功舞를見ᄒᆞ야ᄂᆞᆫ곳諦觀ᄒᆞ더라

去歲에帝ㅣ親錄繫囚ᄒᆞ실ᄉᆡ見應死者ᄒᆞ고閔之ᄒᆞ야縱使歸家ᄒᆞ고期以來秋로來就死ᄒᆞ라ᄒᆞ고仍赦天下死囚ᄒᆞ야皆縱遣ᄒᆞ고至期來詣京師러니至是九月에去歲所縱天下死囚凡三百九十人이無人督帥ᄒᆞ되皆如期自詣朝堂ᄒᆞ고無一人亡匿者ᄂᆞᆫ대上이皆赦之ᄒᆞ다

去歲에帝가親히繫囚를錄ᄒᆞ실ᄉᆡ應死ᄒᆞᆫ者를見ᄒᆞ고閔히너겨縱ᄒᆞ야ᄒᆞ야곰家로歸ᄒᆞ고來秋로ᄡᅥ來ᄒᆞ야死에就ᄒᆞ라期ᄒᆞ고仍히天下死囚를赦ᄒᆞ야다縱遣ᄒᆞ고期에至ᄒᆞ야京師로來詣ᄒᆞ라ᄒᆞ얏더니至是九月에去歲에縱ᄒᆞᆫ바天下死囚凡

二百九十人이人의皆節이無호되期와갓치스々로朝堂에詣호고一人도亡匿호者ㅣ無호거늘上이다赦호다

十一月에以開府儀同三司長孫無忌로爲司空호대無忌ㅣ固辭曰臣이忝預外戚호니恐天下ㅣ謂陛下ㅣ爲私이니다上이不許曰吾ㅣ爲官擇人호야惟才是與호노니苟或不才면雖親이나不用호니襄邑王神符ㅣ是也오如其有才면雖讎나不棄호니魏徵等이是也니今日之擧ㅣ非私親也니라

十一月에開府儀同三司長孫無忌로써司空을숨은데無忌ㅣ固辭호야曰臣이外戚에忝預호니天下ㅣ陛下ㅣ私홈을호다謂홀가恐호노이다上이許치안이호야曰吾ㅣ官을爲호야人을擇호야오즉才를이주노니진실로或不才호면비록親호나用치안이호니襄邑王神符가是요만일그有才면비록讎이나棄치안이호니魏徵의等이是니今日의擧함이私親함이안이니라

十二月에帝ㅣ從上皇호야置酒故漢未央宮호고上皇이命突厥頡利可汗호야起舞호고又命南蠻酋長馮智戴호야詠詩호고 智戴酋長馮盎之子名也先盎遣入侍故亦侍

宴既而오 笑曰胡越一家는 自古未有也니라

十二月에帝가上皇을從ᄒᆞ야酒를故漢未央宮에置ᄒᆞ고上皇이突厥頡利可汗을命ᄒᆞ야起舞ᄒᆞ고ᄯᅩ南蠻酋長馮知戴를命ᄒᆞ야詩를詠ᄒᆞ고既而오笑하야曰胡越一家는古로봇허有치못ᄒᆞ얏도다

帝ㅣ奉觴上壽曰今에四夷ㅣ入臣은皆陛下教誨오非臣智力으로所及이니다 昔에漢高祖ㅣ亦從太上皇ᄒᆞ야置酒此宮ᄒᆞ고妄自矜大ᄒᆞ니臣所不取也ᄒᆞ노이다 上皇이大悅ᄒᆞ고殿上이皆呼萬歲러라

帝가觴을奉ᄒᆞ고壽를上하야曰이제四夷가入하야臣함은다陛下의教誨오臣의智力으로及한비안이니다昔에漢高祖ㅣᄯᅩ한太上皇을從ᄒᆞ야酒를此宮에置ᄒᆞ고妄히스ᄉᆞ로矜大ᄒᆞ엿스니臣은取치안는바로소이다上皇이크게悅ᄒᆞ고殿上이다萬歲를呼ᄒᆞ더라

帝ㅣ謂左庶子于志寧과右庶子杜正倫曰ㅣ朕年이十八에猶在民間ᄒᆞ야民之疾苦情僞를無不知之니라 及居大位ᄒᆞ야區處世務에猶有差失이어든況太子ㅣ生長深宮ᄒᆞ야百姓艱難을耳目에所

未涉ᄒ니能無驕逸乎아卿等이不可不極諫太子ㅣ好嬉戲ᄒ야頗
虧禮法이니라志寧이與右庶子孔穎達로數直諫ᄒ니上ㅣ聞而嘉
之ᄒ야各賜金一斤과帛五百匹ᄒ다

帝가左庶子于志寧과右庶子杜正倫다려謂ᄒ야曰朕의年이十八에오히려民間에在ᄒ야民의疾苦와情僞를知ᄒ지못ᄒᆷ이업더니밋大位에居ᄒ야世務를區處ᄒᆷ에오히려差失이有ᄒ거든하믈며太子ㅣ深宮에生長ᄒ야百姓의艱難을耳目에涉ᄒ지못ᄒ빈니能히驕逸ᄒᆷ이無ᄒ랴卿等이可이太子ㅣ嬉戲를好ᄒ야禮法을頗戲ᄒᆷ을極諫치안이ᄒ지못ᄒᆯ지니라志寧이右庶子孔穎達로더부러자조直諫ᄒ니上이聞ᄒ고嘉히여겨各히金一斤과帛五百匹을賜ᄒ다

上이問魏徵曰群臣이上書에可采나及召에對多失次는何也오
對曰臣은觀百司奏事ᄒ니常數日思之라가及至上前ᄒ야三分에不
能道一이어든況諫者ㅣ拂意觸忌리잇고非陛下ㅣ借之辭色이면豈敢
盡其情哉잇가

上이魏徵다려謂ᄒ야曰羣臣이書를上ᄒᆷ이이可히采ᄒᆯ만ᄒ나밋召ᄒ야對ᄒᆷ에次

를失홈이多홈은웃짐인고對ᄒᆞ야 曰臣은百司ㅣ奏事홈를觀ᄒᆞ니항상數日을思ᄒᆞ얏다가밋上前에至ᄒᆞ야三分에能히 一을道ᄒᆞ지못ᄒᆞ거든ᄒᆞ믈며諫ᄒᆞᄂᆞᆫ者ㅣ意를拂ᄒᆞ고忌를觸ᄒᆞ리잇고陛下ㅣ辭色을借치안이ᄒᆞ면 웃지敢히그情을盡ᄒᆞᆯ잇가

上이由是로接羣臣의辭色을愈溫ᄒᆞ고嘗曰煬帝ᄂᆞᆫ多猜忌ᄒᆞ야臨朝對羣臣에多不語ㅣ나朕則不然ᄒᆞ야與羣臣으로相親이如一體耳라ᄒᆞ더라 (出諫錄)

上이是로由ᄒᆞ야羣臣을接홈의辭色을더욱溫히ᄒᆞ고일즉ᄀᆞᆯᄋᆞ되煬帝ᄂᆞᆫ猜忌홈이多ᄒᆞ야朝에臨ᄒᆞ야群臣을對ᄒᆞ믹不語홈이多ᄒᆞ나朕인즉然치안이ᄒᆞ야群臣으로더부러相親홈이一體와갓다ᄒᆞ더라

(甲午)八年이라正月에上이欲分遣大臣ᄒᆞ야爲諸道黜陟大使호ᄃᆡ未得其人이러니李靖이薦魏徵ᄒᆞᆫ대上이曰徵은箴規朕失ᄒᆞ니不可一日도離左右ㅣ라ᄒᆞ고乃命靖與太常卿蕭瑀等凡十三人ᄒᆞ야分行天下ᄒᆞ야察長吏賢不肖ᄒᆞ고問民間疾苦ᄒᆞ고禮高年賑窮乏ᄒᆞ고褒

善良起滯淹ᄒᆞ노니 俾使者로所至에 如朕親觀ᄒᆞ라

八年이라正月에上이大臣을分遣ᄒᆞ야諸道에黜陟大使를삼고자호ᄃᆡ其人을得지못ᄒᆞ엿더니李靖이魏徵을薦ᄒᆞᆫᄃᆡ上이日徵은朕의失ᄒᆞᆷ을箴規ᄒᆞ니可이一日이라도左右에離ᄒᆞ지못ᄒᆞ리라ᄒᆞ고이에靖과다못太常卿蕭瑀의等凡十三人을命ᄒᆞ야天下에分行ᄒᆞ야長吏의賢과不肖를察ᄒᆞ고民間에疾苦를問ᄒᆞ고高年을禮ᄒᆞ고窮乏을賑ᄒᆞ고善良을褒ᄒᆞ고滯淹을起케ᄒᆞ노니使者로ᄒᆞ야금至ᄒᆞᄂᆞᆫ바에朕이親觀ᄒᆞᄂᆞᆫ거와갓치ᄒᆞ라

中牟丞皇甫德參이上言ᄒᆞᄃᆡ 修洛陽宮ᄒᆞ야勞人ᄒᆞ고 收地租厚斂ᄒᆞ고 俗好高髻ᄒᆞ니 盖宮中所化니다

中牟丞皇甫德參이言을上호ᄃᆡ洛陽宮을修ᄒᆞ야人을勞ᄒᆞ고地租를收ᄒᆞᆷ의斂을厚히ᄒᆞ고俗이高髻를好ᄒᆞ니ᄃᆡ미宮中에化ᄒᆞᆫ비니다

上이怒ᄒᆞ야謂房玄齡等曰德參이欲國家에 不役一人ᄒᆞ고 不收斗租ᄒᆞ고 宮人이 皆無髮이라야 乃可其意耶아 欲治其謗訕之罪ᄒᆞ로다

上이怒ᄒᆞ야房玄齡等다러謂ᄒᆞ야日德參이國家에一人이라도役하지안이ᄒᆞ고斗租라도收ᄒᆞ지안이ᄒᆞ고宮人이다髮이無ᄒᆞ여야이에其意에可ᄒᆞᆯ라그謗訕ᄒᆞᆫ罪를

(後主)高緯饞饕也

治ᄒᆞ고자ᄒᆞ노라

魏徵이諫曰賈誼ㅣ當漢文帝時ᄒᆞ야上書云ᄒᆞᄃᆡ可爲痛哭者ㅣ一이오可爲流涕者ㅣ二ㅣ라ᄒᆞ니自古로上書ㅣ不激切이면不能動人主之心이니所謂狂夫之言도聖人이必擇焉이라ᄒᆞ니惟陛下는裁察ᄒᆞ소서

魏徵이諫ᄒᆞ야曰賈誼ㅣ漢文帝의時를當ᄒᆞ야上書ᄒᆞ야云호ᄃᆡ可이痛哭ᄒᆞᆯ者ㅣ一이오可이流涕ᄒᆞᆯ者ㅣ二라ᄒᆞ니自古로上書ㅣ激切치못ᄒᆞ면能히人主의心을動치못ᄒᆞ니謂ᄒᆞᆫ바狂夫의言도聖人은반다시擇ᄒᆞᆫ다ᄒᆞ니오쥭陛下는裁察ᄒᆞ소서

上이曰朕이罪斯人이면則誰敢復言이리오ᄒᆞ고乃賜絹二十匹ᄒᆞ다

上이曰朕이斯人을罪ᄒᆞ면곳누가敢히다시言ᄒᆞ리오이에絹二十匹을賜ᄒᆞ다

他日에徵이奏言호ᄃᆡ陛下ㅣ近日에不好直言ᄒᆞ고雖勉彊含容이나非曩時之豁如ㅣ니이다上이乃更加優賜ᄒᆞ고拜監察御史ᄒᆞ다 並出徵本傳

他日에徵이奏言호ᄃᆡ陛下ㅣ近日에直言을好ᄒᆞ지안이ᄒᆞ고비록勉彊ᄒᆞ야含容ᄒᆞ나曩時의豁如ᄒᆞᆷ이안이니다上이이에다시優賜를加ᄒᆞ고監察御史를拜ᄒᆞ다

(乙未)九年이라上이謂魏徵曰齊後主周天元이皆重斂百姓ᄒᆞ야

貪嗜飮食曰饕也

厚自奉養ᄒᆞ야 力竭而亾ᄒᆞ니 譬如饞人이라 自噉其肉ᄒᆞ야 饞鉏咸反 肉盡而斃ᄒᆞ니 何其愚也오 然이나 二主ㅣ 孰爲優劣고 對曰齊後主ᄂᆞᆫ 懦弱ᄒᆞ야 政出多門ᄒᆞ고 周天元은 驕暴ᄒᆞ야 威福이 在己ᄒᆞ니 雖同爲亾國이나 齊主ㅣ 尤劣也ㅣ니다 出諫錄

九年이라上이魏徵다려謂ᄒᆞ야曰齊後主와周天元이다百姓에게重歛ᄒᆞ야厚이ᄉᆞᄉᆞ로奉養ᄒᆞ야力이竭ᄒᆞ야亡ᄒᆞ니譬컨ᄃᆡ人을饞ᄒᆞ려다가ᄉᆞᄉᆞ로其肉를噉ᄒᆞ야肉이盡ᄒᆞᆷ이斃ᄒᆞᆷ갓ᄒᆞ니엇지그愚ᄒᆞᆫ요然이나二主에뉘優劣이되ᄂᆞᆫ고對ᄒᆞ야曰齊後主ᄂᆞᆫ懦弱ᄒᆞ야政出에門이多ᄒᆞ고周天元은驕暴ᄒᆞ야威福이己에在ᄒᆞ니비록同히亡國ᄒᆞ얏스나齊主가더욱劣ᄒᆞ니이다

四月庚子에 上皇이 崩ᄒᆞ다

四月庚子에上皇이崩ᄒᆞ다

以光祿大夫蕭瑀로 爲特進ᄒᆞ야 復令叅預政事ᄒᆞ고 上이 曰武德六年以後로 高祖ㅣ 有廢立之心而未定ᄒᆞ고 我ㅣ 不爲兄弟所容ᄒᆞ니 實有功高ᄂᆞ 不賞之懼ᄂᆞᆫ 斯人也오 不可以利誘ᄒᆞ며 不可以

死脅은 眞社稷臣也ㅣ라ᄒᆞ고 因賜瑀詩曰疾風에 知勁草오 疾急也勁健之草雖被疾風亦不隨之而靡 板蕩에 識誠臣이라ᄒᆞ고 詩上帝板板上帝蕩蕩註上帝稱君王也板板反也王爲政反先王與天之道也蕩蕩法度廢壞貌言誠臣不以板蕩而易其介也 又謂瑀曰卿之忠直은 古人이 不過나 然이나 善惡을 太明ᄒᆞ야 亦有時而失이니라 瑀ㅣ 再拜謝ᄒᆞ니 魏徵이 曰瑀ㅣ 違衆孤立에 唯陛下ㅣ 知其忠勁ᄒᆞ니 嚮不遇聖明이면 求免難矣로다 出瑀本傳

光祿大夫蕭瑀로써特進을삼아다시ᄒᆞ야곰政事에叅預ᄒᆞ게ᄒᆞ고上이曰武德六年써後로高祖ㅣ廢立의心이有ᄒᆞᆷ의定치못ᄒᆞ고我ㅣ兄弟에容ᄒᆞ는바되지못ᄒᆞ니實로功高ᄒᆞᆷ이有ᄒᆞ는不賞의懼는斯人이오可이利로써誘치못ᄒᆞ며可이死로써脅치못ᄒᆞᆷ은참社稷臣이라ᄒᆞ고因ᄒᆞ야瑀에게詩를賜ᄒᆞ야曰疾ᄒᆞᆫ風에勁草를知ᄒᆞ고板蕩에誠臣을識ᄒᆞᆫ다ᄒᆞ고또瑀다려謂ᄒᆞ야曰卿의忠直ᄒᆞᆷ은古人이過ᄒᆞ지못ᄒᆞ나然ᄒᆞ나善惡을太明ᄒᆞ야또ᄒᆞᆫ時로失ᄒᆞᆷ이有ᄒᆞ니라瑀가再拜ᄒᆞ고謝ᄒᆞ니魏徵이曰瑀ㅣ衆을違ᄒᆞ고孤立ᄒᆞᆷ의오쥭陛下ㅣ그忠勁을知ᄒᆞ니刪에聖明을遇치못ᄒᆞ엿스면免을求ᄒᆞ기難ᄒᆞ리로라

長孫皇后ㅣ 性이 仁孝儉素ᄒᆞ고 好讀書ㅣ라 嘗與上으로 從容商略古

獻替獻可替否

事ᄒᆞ셔因而獻替ᄒᆞ니裨益이弘多라上이或以非罪로譴怒宮人이면后ㅣ亦陽怒ᄒᆞ야請自推鞫ᄒᆞ고因命囚繫라가俟上怒息ᄒᆞ야徐爲申理ᄒᆞ니由是로宮壺之中에(壺苦本反)刑無枉濫이러라及疾篤에與上訣ᄒᆞᆯ시時에房玄齡이以譴歸第라后ㅣ言於上曰房玄齡이事陛下久ᄒᆞ고小心愼密ᄒᆞ야奇謀秘計ㅣ未嘗宣泄ᄒᆞ니苟無大故ㅣ어던願勿棄之ᄒᆞ소서仍願陛下ᄂᆞᆫ親君子遠小人ᄒᆞ며納忠諫屛讒慝ᄒᆞ며省徭役止遊畋ᄒᆞ면妾이雖沒於九泉이나誠無所恨이라ᄒᆞ고崩于立政殿ᄒᆞ다

長孫皇后ㅣ性이仁孝儉素ᄒᆞ고讀書를好ᄒᆞᄂᆞᆫ지라일즉上으로더부러從容이古事를商略ᄒᆞᆯ시因하야獻ᄒᆞ며替ᄒᆞ니裨益이弘多ᄒᆞ더라上이或非罪로써宮人을譴怒ᄒᆞ면后ㅣ또한陽怒ᄒᆞ야ᄉᆞᄉᆞ로推鞫을請ᄒᆞ고因ᄒᆞ야命ᄒᆞ야囚繫하얏다가上에怒息ᄒᆞᆷ을俟ᄒᆞ야徐히申理ᄒᆞ니是로由하야宮壺의中에刑이枉濫이無ᄒᆞ더라밋疾篤ᄒᆞᆷ에上으로더부러訣ᄒᆞᆯ시時에房玄齡이譴ᄒᆞᆷ으로써第에歸ᄒᆞᆫ지라后ㅣ上에게言하야日房玄齡이陛下를事ᄒᆞᆷ이久ᄒᆞ고小心愼密ᄒᆞ야奇謀와秘計가일즉宣泄하지안이ᄒᆞ니진실로大故가無ᄒᆞ거든願컨ᄃᆡ棄하지마소셔仍願컨ᄃᆡ陛下ᄂᆞᆫ君子를親ᄒᆞ

고小人을遠히ᄒᆞ며忠諫을納고讒慝을屛ᄒᆞ며徭役을省하고遊畋을止ᄒᆞ시면妾이
비록九泉에沒ᄒᆞᄂᆞ진실노恨ᄒᆞᆯ비無ᄒᆞ리라ᄒᆞ고立政殿에서崩ᄒᆞ다

后ㅣ嘗采自古婦人得失事ᄒᆞ야爲女則三十卷이러니及崩에宮司ㅣ奏之ᄒᆞᆫ디上이覽之悲慟ᄒᆞ야以示近臣曰皇后此書ㅣ足以爲範百世로다朕이非不知天命而爲無益之悲는但入宮에不復聞規諫之言이니失一良佐故로不能忘懷耳로라乃召房玄齡ᄒᆞ야使復其位ᄒᆞ다

后가일죽自古로婦人得失ᄒᆞᆫ事를采ᄒᆞ야女則三十卷을ᄒᆞ얏더니밋崩함에宮司ㅣ奏ᄒᆞᆫ되上이覽ᄒᆞ고悲慟ᄒᆞ야써近臣을示ᄒᆞ야曰皇后의此書ㅣ足히써百世에範이되리로다朕이天命을不知함이안이로되無益의悲를ᄒᆞᆷ은다만宮에入하미다시規諫의言을聞하지못ᄒᆞᆯ지니한良佐를失한故로能히懷를忘치못ᄒᆞ노라이에房玄齡을召ᄒᆞ야하여금其位를復ᄒᆞ다

葬文德皇后於昭陵ᄒᆞ고上이念后不已ᄒᆞ야乃於苑中에作層觀ᄒᆞ야以望昭陵ᄒᆞ다

朱俱波甘棠幷西域國名

文德皇后를昭陵에葬ᄒᆞ고上이后를念함을已치안이ᄒᆞ야이에苑中에層觀을作ᄒᆞ시고써昭陵을望ᄒᆞ다

嘗引魏徵ᄒᆞ고同登使視之ᄒᆞᆫ디徵이熟視之曰臣이昏眊不能見이니다上이指示之ᄒᆞᆫ디徵이曰臣은以爲陛下ㅣ望獻陵이니다 高祖陵 若昭陵則臣固見之矣니다上이泣ᄒᆞ고爲之毁觀ᄒᆞ다 出徵本傳

일즉魏徵을引ᄒᆞ고同登하야ᄒᆞ야금視케ᄒᆞᆫ디徵이熟視ᄒᆞ야曰臣이昏眊하야能히見치못ᄒᆞᆫ이니다上이指示ᄒᆞᆫ디徵이曰臣은써호디陛下ㅣ獻陵을望ᄒᆞ엿ᄂᆞᄒᆞ니다昭陵갓ᄒᆞᆫ것인즉臣이진실로見하얏ᄂᆞ니다上이泣ᄒᆞ고爲ᄒᆞ야觀을毁ᄒᆞ다

朱俱波甘棠이遣使入貢ᄒᆞ다朱俱波ᄂᆞᆫ在葱嶺之北ᄒᆞ야去瓜州ㅣ三千八百里오甘棠은在大海南이라上이曰中國이旣安ᄒᆞ고四夷ㅣ自服이나然이나朕이不能無懼者ᄂᆞᆫ秦始皇이라威振胡越이나二世而亾ᄒᆞ니惟諸公은匡其不逮耳니라

朱俱波와甘棠이使를遣ᄒᆞ야入貢ᄒᆞ다朱俱波ᄂᆞᆫ葱嶺의北에在ᄒᆞ야瓜州에去ᄒᆞ기三千八百里오甘棠은大海南에在ᄒᆞᆫ지라上이曰中國이旣安하고四夷가스ᄉᆞ로服

하ᄂᆞ然이ᄂᆞ朕이能히懼함이無치못한者ᄂᆞᆫ秦始皇이라威ㅣ胡越에振ᄒᆞ나二世에
亡ᄒᆞ니오쟉諸公은그不逮함을匡ᄒᆞᆯ지라

治書侍御史權萬紀ㅣ上言ᄒᆞ되宣饒二州에銀이大發ᄒᆞ니(宣本漢丹陽郡 饒本漢鄱陽郡)(宣饒二州名在江東)采之면歲可得數百萬緡이니다上이曰朕이貴爲天子ᄒᆞ니所乏者ᄂᆞᆫ非財也오但恨無嘉言이可以利民耳라與其多得數百萬緡으론何如得一賢才오卿이未嘗進一賢退不肖ᄒᆞ고而專言稅銀之利ᄒᆞ도다昔에堯舜은抵璧於山ᄒᆞ며投珠於谷ᄒᆞ고漢之桓靈은乃聚錢爲私藏ᄒᆞ니(藏才浪反)卿이欲以桓靈으로俟我耶아是日에黜萬紀使還家ᄒᆞ다

治書侍御史權萬紀가言을上ᄒᆞ되宣饒二州에銀이大發ᄒᆞ니采ᄒᆞ면歲로可히數百萬緡을得ᄒᆞ리니다上이曰朕이貴함이天子되얏스니乏ᄒᆞᆫ밧者ᄂᆞᆫ財가안이오다못嘉言이可이써民을利롭게홈이無홈을恨ᄒᆞ노라그數百萬緡을多得홈으로與ᄒᆞ얀엇지한賢才를得홈만갓ᄒᆞ랴卿이일쟉이一賢을進ᄒᆞ고不肖를退치못ᄒᆞ고專히稅銀의利로言ᄒᆞᄂᆞᆫ도다昔에堯舜은璧을山에抵ᄒᆞ며珠를谷에投ᄒᆞ고漢의桓靈ᄂᆞᆫ이

에錢을聚ᄒᆞ야私藏을ᄒᆞ얏스니卿이桓靈으로써我를俟ᄒᆞ고자하ᄂᆞ냐是日에萬紀를黜ᄒᆞ야하야금家로還ᄒᆞ다

是歲에更命統軍ᄒᆞ야爲折衝都尉ᄒᆞ고別將으로爲果毅都尉ᄒᆞ고凡十道에置府六百三十四ᄒᆞ니而關內에二百六十一이라皆隷諸衛ᄒᆞ고凡當宿衛者ᄂᆞᆫ番上호ᄃᆡ兵部ㅣ以遠近으로給番ᄒᆞ야遠疎近數ᄒᆞ야皆一月而更ᄒᆞ다

是歲에다시統軍을命ᄒᆞ야折衝都尉를삼고別將으로果毅都尉를삼고무릇十道에府六百三十四를置ᄒᆞ니關內에二百六十一이라다諸衛에隷하고무릇宿衛에當할者ᄂᆞᆫ番上호ᄃᆡ兵部ㅣ遠近으로써番을給ᄒᆞ야遠은疎ᄒᆞ고近은數ᄒᆞ야다一月에更ᄒᆞ다

(丁酉)十一年이라房玄齡等이受詔定律令ᄒᆞ실ᄉᆡ比古死刑ᄒᆞ야除其太半ᄒᆞ니天下ㅣ稱賴라由是로斷獄이平允이러라 出刑法志

十一年이라房玄齡等이詔를受ᄒᆞ야律令을定할ᄉᆡ古死刑에比ᄒᆞ야그太半을除ᄒᆞ니天下ㅣ稱賴ᄒᆞᄂᆞᆫ지라是로由ᄒᆞ야獄을斷함이平允ᄒᆞ더라

三月에上이宴洛陽宮西苑ᄒᆞ고泛積翠池ᄒᆞᆯ서顧謂侍臣曰煬帝ㅣ作此宮苑ᄒᆞ고結怨於民이라가今에悉爲我有ᄒᆞ니正由宇文述虞世基裴蘊之徒ㅣ內爲諂諛ᄒᆞ고外蔽聰明故也니可不戒哉아

三月에上이洛陽宮西苑에宴ᄒᆞ고積翠池에泛ᄒᆞᆯ서顧ᄒᆞ야侍臣다려謂ᄒᆞ야曰煬帝가이宮과苑을作ᄒᆞ고怨을百姓의게結하다가今에다我의有함이되니正이宇文述과虞世基와裴蘊의徒가內로諂諛ᄒᆞ고外로聰明을蔽함으로由한故니可이戒치안이ᄒᆞ랴

(殷憂) 殷讀曰隱痛也

魏徵이上疏以爲ᄒᆞᄃᆡ人主ㅣ善始者ㅣ多ᄒᆞ고克終者ㅣ寡ᄒᆞ니豈取之易而守之難乎잇가蓋以殷憂則竭誠以盡下ᄒᆞ고安逸則驕恣而輕物이니盡下則胡越이同心ᄒᆞ고輕物則六親이離德ᄒᆞ야雖震之以威怒나亦皆貌從而心不服故也니다人主ㅣ誠能見可欲則思知足이오將興繕則思知止오處高危則思謙降이오臨滿盈則思挹損이오遇逸樂則思撙節이오(撙子本反裁抑也記曲禮恭敬撙節退讓以明禮註撙猶趨也)在宴安則思

後患이요 防壅蔽則思延納이요 疾讒邪則思正己요 行賞爵則思因喜而僭이오 施刑罰則思因怒而濫이니 兼是十思ᄒᆞ야 而選賢任能이면 固可以無爲而治ᄒᆞ리니 又何必勞神苦體ᄒᆞ야 以代百司之任哉잇가 本紀出

魏徵이疏를上하야써호ᄃᆡ人主ㅣ始를善히하난者ㅣ多ᄒᆞ고終을克히ᄒᆞ는者ㅣ寡ᄒᆞ니읏지取하기易ᄒᆞ고守ᄒᆞ기難하릿가대개殷憂로써한則誠을竭ᄒᆞ야써下를盡ᄒᆞ고安逸한則驕恣ᄒᆞ야物을輕히ᄒᆞᄂᆞ니下를盡한則胡越이心을同히ᄒᆞ고物을輕히한則六親이德을離ᄒᆞ야비록震ᄒᆞᆷ을威怒로써ᄒᆞ나또한다貌從호ᄃᆡ心은服지안이ᄒᆞᄂᆞᆫ故니다人主ㅣ진실로能히可欲을見ᄒᆞᆫ죽知足함을思ᄒᆞᆯ것시오장ᄎᆞᆺ興繕ᄒᆞᆫ죽知止를思ᄒᆞᆯ것이오高危에處한죽謙降함을思ᄒᆞᆯ것이오滿盈에臨ᄒᆞᆫ죽挹損을思ᄒᆞᆯ것이오逸樂을遇ᄒᆞᆫ죽撙節함을思ᄒᆞᆯ것이오宴安에在ᄒᆞᆫ죽後患을思ᄒᆞᆯ것시오壅蔽를防ᄒᆞᆫ죽延納함을思ᄒᆞᆯ것이오讒邪를疾ᄒᆞᆫ죽正己함을思ᄒᆞᆯ것이오賞爵을行한죽喜를因ᄒᆞ야僭함을思ᄒᆞᆯ것이오刑罰을施ᄒᆞᆫ죽怒를因ᄒᆞ야濫함을思ᄒᆞᆯ것이니이十思를兼ᄒᆞ야賢을選하고能을任ᄒᆞ면진실노可이써無爲하야治ᄒᆞ리니또읏지반다시神을勞ᄒᆞ며體를苦히ᄒᆞ야써百司의任을代ᄒᆞᆯ잇가

五月에 魏徵이 上疏以爲호되 陛下ㅣ 欲善之志ㅣ 不及於昔時ᄒᆞ고 聞過必改ㅣ 少踈於曩日ᄒᆞ며 譴罰이 積多ᄒᆞ고 威怒ㅣ 微厲ᄒᆞ니 乃知貴不期驕ᄒᆞ고 富不期侈ㅣ 非虛言也ㅣ니이다 昔에 隋之未亂也에 自謂必無亂이라ᄒᆞ고 其未亡也에 自謂必無亡이라 故로 賦役이 無窮ᄒᆞ고 征伐이 不息ᄒᆞ야 以至禍將及身호되 而尙未之寤也ㅣ니 夫鑑形은 莫如止水오 鑑敗ᄂᆞᆫ 莫如亡國이니 伏願取鑑於隋ᄒᆞ야 去奢從約ᄒᆞ고 親忠遠佞ᄒᆞ야 以當今之無事로 行疇昔之恭儉則盡善盡美矣를 固無得而稱焉이리이다 夫取之實難ᄒᆞ고 守之甚易어ᄂᆞᆯ 陛下ㅣ 能得其所難ᄒᆞ니 豈不能保其所易乎잇가 本出紀

魏徵이 疏를 上하야 써 ᄒᆞ되 陛下ㅣ 欲善의 志ㅣ 昔時에 及지 못ᄒᆞ고 過를 聞하고 반다시 改ᄒᆞᆷ이 少히 曩日에 踈ᄒᆞ거ᄂᆞᆯ 譴罰ᄒᆞᆷ이 積多ᄒᆞ고 威怒ᄒᆞᆷ이 微厲ᄒᆞ니 이에 貴ᄒᆞ믜 驕를 期치 못ᄒᆞ고 富ᄒᆞ믜 侈를 期치 못ᄒᆞᆷ이 虛言이 안님을 知ᄒᆞ깃ᄂᆞ이다 昔에 隋의 亂치 안이ᄒᆞ믜 스ᄉᆞ로 반다시 無亂이라 謂ᄒᆞ고 亡치 안이ᄒᆞᆷ에 스ᄉᆞ로 반다시 無亡이

라謂ᄒᆞᆫ지라故로賦役ᄒᆞᆷ이無窮ᄒᆞ고征伐ᄒᆞᆷ이不息ᄒᆞ야써禍가장ᄎᆞᆺ身에及ᄒᆞᆷ에至호ᄃᆡ외이려悟하지못ᄒᆞᆷ이니다뎌形을鑑ᄒᆞᆷ은止水만갓지못ᄒᆞ고敗를鑑ᄒᆞᆷ은亡國만갓ᄒᆞᆷ이업시니伏願컨ᄃᆡ鑑을隋에取ᄒᆞ야奢를去ᄒᆞ고約을從ᄒᆞ고忠을親히ᄒᆞ고佞을遠하ᄒᆞ야當今의無事ᄒᆞᆷ으로써疇昔의恭儉ᄒᆞᆷ을行ᄒᆞ면곳盡善盡美ᄒᆞᆷ을진실노시러금稱ᄒᆞᆯ슈업슬지라무릇取ᄒᆞ기甚히難ᄒᆞ고守ᄒᆞ기甚히易ᄒᆞ니陛下게셔能히그難한바를得ᄒᆞ엿스니읏지能히그易한바를保치못ᄒᆞ리잇가

魏徵이上疏以爲ᄒᆞ되文子ㅣ曰同言而信이면信在言前이오同令而行이면誠在令外라ᄒᆞ니自王道ㅣ休明으로十有餘年이나然이나而德化未洽者는由待下之情이未盡誠信故也ㅣ니다今에立政致治는必委之君子ᄒᆞ고事有得失은或訪之小人이어늘其待君子也에敬而踈ᄒᆞ고遇小人也에輕而狎ᄒᆞ니狎則言無不盡이오踈則情不上通이니다夫中智之人이豈無小慧리오然이나才非經國ᄒᆞ고慮不及遠ᄒᆞ야雖竭力盡誠이라도猶未免有敗어든況內懷姦宄ㅣ면其禍ㅣ豈不深乎

잇가 夫雖君子라도 不能無小過ㅣ나 苟不害於正道면 斯可略矣어늘 既謂之君子ᄒᆞ고 而復疑其不信이면 何異立直木ᄒᆞ고 而疑其影之曲乎잇가 陛下ㅣ 誠能慎選君子ᄒᆞ야 以禮信用之면 何憂不治잇고 不然이면 危亡之期를 未可保也니다

上이 賜手詔褒美曰昔에 晉武帝ㅣ 平吳之後로 志意驕怠ᄒᆞ니 何曾이 位極台司호ᄃᆡ 不能直諫ᄒᆞ고 乃私語子孫ᄒᆞ야 自矜明智ᄒᆞ니 此ᄂᆞᆫ 不忠之大者라 得公之諫ᄒᆞ니 朕知過矣라 當置之几案ᄒᆞ야 以比弦韋ᄒᆞ리다 三國魏劉廙曰韋弦非能言之物而聖賢引以自匡臣願自比於韋弦韓子曰西門豹性急故佩韋以自緩董安子性緩故珮韋以自急

魏徵이 䟽를上ᄒᆞ야 써 호ᄃᆡ 文子ㅣ 曰言과同히信ᄒᆞ면信이言前에在홈이오令과同히行ᄒᆞ면誠이令外에在ᄒᆞ다ᄒᆞ니王道ㅣ休明홈으로부터十有餘年이나然이나德化가洽지못ᄒᆞᆫ者ᄂᆞᆫ下를待ᄒᆞᄂᆞᆫ情이誠信을盡ᄒᆞ지못홈에由ᄒᆞᆫ故ㅣ니다令에政을立ᄒᆞ고治를致홈은반다시君子에委ᄒᆞ고事ㅣ得失이有홈은或小人을訪홈이어ᄂᆞᆯ그君子를待홈에敬ᄒᆞ며䟽ᄒᆞ고小人을遇홈에輕히ᄒᆞ며狎ᄒᆞ니狎ᄒᆞᆫ則言이不盡홈이無ᄒᆞ고䟽ᄒᆞᆫ則情이上通치못ᄒᆞᄂᆞ니다ᄃᆡ져中智의人이웃지小慧가無ᄒᆞ리요然ᄒᆞ

나才가經國지못ᄒ고慮가遠에及지못ᄒ야비록力을竭ᄒ고誠을盡홀지라도외이
려有敗홈을免치못ᄒ거든況內로姦究를懷ᄒ면그禍ㅣ엇지深치안이홀잇가ᄃᆡ져
비록君子라도能히小過가無치못ᄒᄂ니진실노正道에害홈이안이면이可이略홈이
어늘이미君子라謂ᄒ고다시그不信홈을疑ᄒ면엇지直木을立ᄒ고그影의曲홈을
疑홈과異ᄒ릿가陛下ㅣ진실로能히君子를愼選홀진ᄃᆡ禮로써信用ᄒ면엇지不治
홈을憂홀잇고然치안으면危亡의期를可이保치못홀지니다上이手詔를賜ᄒ야褒
美ᄒ야日昔에晉武帝ㅣ吳를平ᄒ後로志意가驕怠ᄒ니何曾이位가台司에極호ᄃᆡ
能히直諫치못ᄒ고이에子孫에게私語ᄒ야스ᄉ로明智를矜ᄒ니此ᄂ不忠의大
者라公의諫홈을得ᄒ니朕이過를知ᄒ지라맛당이几案에置ᄒ야써弦韋에比호
리다

侍御史馬周ㅣ上疏以爲호ᄃᆡ三代及漢에歷年이多者ᄂ八百이오小者ᄂ不減四百은良以恩結人心ᄒ야人不能忘故也요自是以降으로多者ᄂ六十年이오少者ᄂ纔二十餘年은皆無恩於人ᄒ야本根이不固故也라陛下ㅣ當隆禹湯文武之業ᄒ야爲子孫立萬代之基면豈得但恃當年而已리오今之戶口ㅣ不及隋之什

一而給彼者ㅣ兄去弟還ᄒᆞ야道路相繼어늘陛下ㅣ雖加恩詔ᄒᆞ야使
之裁損이나然이나營繕이不休ᄒᆞ니民이安得息이리오臣은觀自古以來
로百姓이愁怨ᄒᆞ야聚爲盜賊ᄒᆞ면其國이未有不亡者ᄒᆞ니盖幽厲ㅣ嘗
笑桀紂矣요煬帝ㅣ亦笑齊周矣니不可使後之笑今을如今
之笑煬帝也니다貞觀之初에天下ㅣ飢歉ᄒᆞ야(歉苦簟反食不滿)斗米ㅣ直이匹
絹이로되而百姓이不怨者는知陛下ㅣ憂念不忘故也요今에比年
豐穰ᄒᆞ야(穰如羊反豐也)匹絹에得粟十餘斛이로되而百姓이怨咨者는知陛下
ㅣ不復念之ᄒᆞ고多營不急之務故也니다自古以來로國之興亡
이不以畜積多少ᄒᆞ고在於百姓苦樂ᄒᆞ니且以近事로驗之컨댄隋ㅣ
貯洛口倉而李密이因之ᄒᆞ고東都에積布帛而世充이資之ᄒᆞ고西
京府庫ㅣ亦爲國家之用ᄒᆞ야至今未盡ᄒᆞ니夫畜積은固不可無
나要當人有餘力然後에收之요不可彊歛ᄒᆞ야以資寇敵也니다夫

儉以息人은陛下ㅣ已於貞觀之初에親所履行이니在於今日ᄒᆞ야
爲之ㅣ固不難也니다陛下ㅣ必欲爲長久之計인된不必遠求上
古오但如貞觀之初면則天下ㅣ幸甚이오又百姓所以治安은唯
在刺史縣令ᄒᆞ니苟選用得人이면則陛下ㅣ可以端拱無爲ᄒᆞ리다今
朝廷에唯重內官ᄒᆞ고而輕州縣之選ᄒᆞ야刺史를多用武人ᄒᆞ고或京
官이不稱職이면始補外任邊遠之處ᄒᆞ고用人更輕ᄒᆞ니所以百姓
未安은殆由於此니다

侍御史馬周ㅣ跡를上ᄒᆞ야써호ᄃᆡ三代로漢에及ᄒᆞᆷ에歷年이多ᄒᆞᆫ者ᄂᆞᆫ八百이오少ᄒᆞᆫ者ᄂᆞᆫ四百에減치안이ᄒᆞᆷ은진실노써人心을恩結ᄒᆞ야人이能히不忘ᄒᆞᆫ故오是로自ᄒᆞ야써降ᄒᆞᆷ으로多ᄒᆞᆫ者ᄂᆞᆫ六十年이오少ᄒᆞᆫ者ᄂᆞᆫ겨우二十餘年은다人에게恩이無ᄒᆞ야本根이固치못ᄒᆞᆫ故라陛下ㅣ맛당이禹湯文武의業을隆ᄒᆞ야子孫을爲ᄒᆞ야萬代의基를立ᄒᆞᆯ지면웃지시러금다만當年을恃ᄒᆞᆯ다름이리오今에戶口ㅣ隋의什에一을及지못ᄒᆞ고給彼者ㅣ兄은去ᄒᆞ고弟ᄂᆞᆫ還ᄒᆞ야道路에서로繼ᄒᆞ거ᄂᆞᆯ陛下ㅣ비록恩詔를加ᄒᆞ야ᄒᆞ야금裁損케ᄒᆞᄂᆞ然ᄒᆞᄂᆞ營繕ᄒᆞᆷ이休치안이ᄒᆞ니民이웃지시

러금息ᄒᆞ리오臣은觀ᄒᆞ니古로自ᄒᆞ야써來ᄒᆞᆷ으로百姓이愁怨ᄒᆞ야聚ᄒᆞ야盜賊이
되면그國이亡치아니ᄒᆞᄂᆞᆫ者ㅣ有ᄒᆞ지안이ᄒᆞ니ᄃᆡ개幽厲ㅣ일즉桀紂를笑ᄒᆞᆷ이오
煬帝ㅣ또ᄒᆞᆫ齊와周를笑ᄒᆞᆷ이니可이後로ᄒᆞ야금今을笑ᄒᆞᆷ을今에煬帝를笑ᄒᆞᆷ과如
케ᄒᆞ지못ᄒᆞᆯ것이니다貞觀의初에天下ㅣ飢歉ᄒᆞ야斗米ㅣ直이匹絹이로ᄃᆡ百姓이
怨치안이ᄒᆞᆫ者ᄂᆞᆫ陛下ㅣ憂念ᄒᆞ야忘치안이ᄒᆞᆷ을知ᄒᆞᆫ故오今에比年豊穰ᄒᆞ야匹絹
에粟을十餘斛을得호ᄃᆡ百姓이怨咨ᄒᆞ난者ᄂᆞᆫ陛下다시念치안이ᄒᆞ고不急의務를
多營ᄒᆞᆷ을知ᄒᆞᆫ故니다古로自ᄒᆞ야써來ᄒᆞᆷ으로國의興亡이畜積의多少로써안이ᄒᆞ
고百姓苦樂에在ᄒᆞ니또近事로써驗ᄒᆞ건ᄃᆡ隋ㅣ洛口倉을貯ᄒᆞ미李密이因ᄒᆞ고東
都에布帛을積ᄒᆞᆷ에世充이資ᄒᆞ고西京에府庫ㅣ또ᄒᆞᆫ國家의用ᄒᆞᆷ이되야至今에未
盡ᄒᆞ니ᄃᆡ져畜積은진실로可이無ᄒᆞ지못ᄒᆞᆯ것이ᄂᆞ要컨ᄃᆡ맛당이人이餘力이有ᄒᆞᆫ
然後에收ᄒᆞᆯ것시오可이彊歛ᄒᆞ야써寇敵을資ᄒᆞᆯ것시안이니다ᄃᆡ져儉으로써人을
息ᄒᆞᆷ은陛下이미貞觀의初에親이履行ᄒᆞᆫ바니今日에在ᄒᆞ야爲ᄒᆞ미진실로難치안
이ᄒᆞ니다陛下반다시長久의計를ᄒᆞ고쟈ᄒᆞ진된반다시上古를遠求ᄒᆞᆯ것시안이오
다만貞觀의初와如ᄒᆞ면곳天下ㅣ幸甚ᄒᆞᆯ것시오또百姓을써治安ᄒᆞᄂᆞᆫ바ᄂᆞᆫ오즉刺
史와縣令에在ᄒᆞ니진실로選用에人을得ᄒᆞ면陛下ㅣ可이써端히拱ᄒᆞ고爲ᄒᆞᆷ이無
ᄒᆞᆷ이다今에朝廷에오즉內官을重이여기고州縣의選ᄒᆞᆷ을輕이ᄒᆞ야刺史를武人을
多用ᄒᆞ고或京官이職를稱치못ᄒᆞ면비로소外任邊遠의處를補ᄒᆞ고人을用ᄒᆞᆷ이다

시輕ᄒᆞ니써百姓이安치못ᄒᆞᆫ바는쟈못此에由ᄒᆞᆷ이니다

疏奏에**上**이**稱善久之**라가**謂侍臣曰**ㅣ**刺史**는**朕**이**當自選**이오**縣令**은**宜詔京官五品以上**ᄒᆞ야**各擧一人**ᄒᆞ라 出周本傳

疏를奏ᄒᆞᆫ미上이善다稱ᄒᆞᆷ이久ᄒᆞ다가侍臣다려謂ᄒᆞ야曰刺史는朕이맛당이ᄉᆞᄉᆞ로選ᄒᆞᆯ것시오縣令은맛당이京官五品以上을詔ᄒᆞ야各히一人을擧케ᄒᆞ라

(戊戌)十二年이라**二月**에**詔曰**ㅣ**隋故鷹擊郞將堯君素**ㅣ**雖桀犬吠堯**는**有乖倒戈之志**나 紂之衆服周仁政無有戰心前徒倒戈自攻于後 **而疾風勁草**는**實表歲寒之心**이라**可贈蒲州刺史**ᄒᆞ고**仍訪其子孫**ᄒᆞ야**以聞**ᄒᆞ라

十二年이라二月에詔ᄒᆞ야曰隋故鷹擊郞將堯君素ㅣ비록桀의犬이堯를吠ᄒᆞᆷ은倒戈의志를乖ᄒᆞᆷ이有ᄒᆞ나疾風勁草는實로歲寒의心를表ᄒᆞᆯ지라可이蒲州刺史를贈ᄒᆞ고仍ᄒᆞ야그子孫을訪ᄒᆞ야써聞ᄒᆞ라

三月에**著作佐郞鄧世隆**이**表請集上文章**ᄒᆞᆫ대**上**이**曰朕之辭令**이**有益於民者**는**史皆書之**ᄒᆞ니**足爲不朽**오**若其無益**인댄**集之何用**이리오**梁武帝父子**와**陳後主**와**隋煬帝**ㅣ**皆有文集**이**行於**

世、何救於亾고爲人主된患無德政이니文章을何爲리오遂不許ᄒᆞ다

(出政要)

三月에著作佐郎鄧世隆이表ᄒᆞ야文章을集上ᄒᆞ기를請ᄒᆞᄃᆡ上이曰朕의辭令이民의게益ᄒᆞᆷ이有ᄒᆞᆫ者ᄂᆞᆫ史가다書ᄒᆞ얏ᄉᆞ니足히不朽ᄒᆞᆷ이될것이오만일그益ᄒᆞᆷ이無ᄒᆞᆯ진ᄃᆡᆫ集ᄒᆞ야何에用ᄒᆞ리오梁武帝의父子와陳後主와隋煬帝ㅣ다文集이有ᄒᆞ야世에行ᄒᆞ나엇지亡ᄒᆞᆷ에救하엿ᄂᆞᆫ고人主가될진ᄃᆡᆫ德政이無ᄒᆞᆷ을患ᄒᆞᆯ지니文章을무엇ᄒᆞ리오드ᄃᆡ여許치아니ᄒᆞ다

皇孫이生이어늘宴五品以上於東宮ᄒᆞ실ᄉᆡ上이曰貞觀之前에從朕ᄒᆞ야經營天下ᄂᆞᆫ玄齡之功也오貞觀以來로繩愆糾繆ᄂᆞᆫ魏徵之功也ㅣ라ᄒᆞ고皆賜之佩刀ᄒᆞ다

皇孫이生ᄒᆞ거늘五品以上을東宮에宴ᄒᆞ실ᄉᆡ上이曰貞觀의前에朕을從ᄒᆞ야天下를經營ᄒᆞᆷ은玄齡의功이오貞觀써來ᄒᆞᆷ으로繩愆糾繆ᄒᆞᆷ은魏徵의功이라ᄒᆞ고다佩刀를賜ᄒᆞ다

上이謂徵曰ㅣ朕의政事ㅣ何如往年고對曰威德所加를比貞觀之初則遠矣나人이悅服則不逮也니다上이曰遠方이畏

蘭陵公主
王之女也

威慕德故로來服이니 若其不逮면 何以致之리오 對曰陛下ㅣ往以
未治로爲憂故로德義ㅣ日新ᄒᆞ고今以既治로爲安故로不逮니다 上
이曰今所爲ㅣ猶往年也라 何以異리오 對曰陛下ㅣ貞觀之初에
恐人不諫ᄒᆞ야常導之使言ᄒᆞ고中間은悅而從之러니今則不然ᄒᆞ야雖
勉從之나猶有難色ᄒᆞ니所以異也ㅣ니이다 上이曰其事를可聞歟아對
曰陛下ㅣ昔에欲殺元律師라가孫伏伽ㅣ以爲法不當死어늘陛下
ㅣ賜以蘭陵公主園直百萬ᄒᆞ니或云賞太厚어늘陛下ㅣ云朕이即
位以來로未有諫者故로賞之ᄒᆞ시니라 此는導之使言也오司戶柳
雄이妄訴隋資어늘(王氏曰隋資仕隋朝之資級也時選者盛集有詭資蔭冒牒取調者詔許自首不首者罪死)陛下ㅣ欲誅之라가納
戴胄之諫而止ᄒᆞ니是는悅而從之也오近에皇甫德參이上書諫
修洛陽宮이어늘陛下ㅣ恚之라가雖以臣言而罷ᄂᆞ니勉從之也니다 上
이曰非公이면不能及此니人이苦不自知耳로다(出徵本傳)

上이魏徵다려謂하여曰朕의政事ㅣ往年과如何ᄒᆞ고對ᄒᆞ여曰威德이加ᄒᆞᆫ바ᄂᆞᆫ貞觀의初의比ᄒᆞᆫ則遠하나人이悅服함인則遠하지못ᄒᆞᄂᆞ니다上이曰遠方이威ᄅᆞᆯ畏ᄒᆞ고德을慕ᄒᆞᄂᆞᆫ故로來服ᄒᆞᆷ이니만일그遠하지안으면웃지써致ᄒᆞ리오對ᄒᆞ여曰陛下ㅣ往에未治함으로써憂ᄒᆞᆫ故로德과義가日로新ᄒᆞ고今에既治로써安ᄒᆞ다ᄒᆞᄂᆞᆫ故로逮치못ᄒᆞᆫ거시니다上이曰今에ᄒᆞᆫ바ㅣ往年과猶ᄒᆞᆫ지라엇지써異ᄒᆞ리오對하여曰貞觀의初에人이諫치안이할ᄭᅡ恐ᄒᆞᄂᆞᆫ故로항상導하여使言하게ᄒᆞ고中間에ᄂᆞᆫ悅하여從하더니今인즉然치ᄒᆞ야비록勉從ᄒᆞᄂᆞ외이려難色이有ᄒᆞ니써異ᄒᆞᆫ바니다上이曰그事를可이聞하랴對ᄒᆞ여曰陛下ㅣ昔에元律師를殺ᄒᆞ고자ᄒᆞ다가孫伏伽ㅣ써ᄒᆞ되法에當死치못ᄒᆞ리라ᄒᆞ거ᄂᆞᆯ陛下ㅣ蘭陵公主에園直을百萬으로써賜ᄒᆞ니或이賞이太厚ᄒᆞ다云ᄒᆞ거ᄂᆞᆯ陛下云ᄒᆞ되朕이位에即하여써來함으로諫ᄒᆞᄂᆞᆫ者ㅣ有하지아니ᄒᆞᆫ故로此를賞ᄒᆞ엿다ᄒᆞ니此ᄂᆞᆫ導ᄒᆞ여使言케ᄒᆞᆷ이오司戶柳雄이隋資를妄訴ᄒᆞ거ᄂᆞᆯ陛下ㅣ殺ᄒᆞ고자ᄒᆞ다가戴胄의諫을納ᄒᆞ야止ᄒᆞ니이ᄂᆞᆫ悅ᄒᆞ여從ᄒᆞᆷ이오近에皇甫德參이書를上ᄒᆞ여洛陽宮을修ᄒᆞ시믈諫ᄒᆞ거ᄂᆞᆯ陛下ㅣ恚ᄒᆞ다가비록臣言으로써罷ᄒᆞᄂᆞ이ᄂᆞᆫ勉從ᄒᆞᆷ이니다上이曰公이아니면此에能히及치못ᄒᆞᆯ지니人이自知ᄒᆞ지못ᄒᆞᆷ이苦ᄒᆞ도다

上이問侍臣ᄒᆞ되帝王創業이與守成으로孰難고房玄齡이曰草昧

之初에 (王氏曰草昧之初 謂開創之始也) 與羣雄으로 並起ᄒᆞ야 角力而後에 臣之ᄒᆞ니 (角校也校其材力也前賈誼傳云非親角材而臣之) 創業이 難矣니다 魏徵이 曰自古帝王이 莫不得之於艱難ᄒᆞ야 失之於安逸ᄒᆞ니 守成이 難矣니다 上이 曰玄齡은 與吾로 共取天下에 出百死得一生故로 知創業之難이오 魏徵은 與吾로 共安天下ᄒᆞ야 常恐驕奢ㅣ 生於富貴ᄒᆞ고 禍亂이 生於所忽故로 知守成之難이나 然이나 創業之難은 既已往矣어니와 守成之難은 方當與諸公으로 愼之ᄒᆞ리라 玄齡等이 拜曰陛下ㅣ 及此言ᄒᆞ니 四海之福也니다 (出玄齡傳)

上이侍臣다려問호ᄃᆡ帝王의創業이守成으로더부러孰難ᄒᆞ고房玄齡이曰草昧의初에群雄으로더부러並起ᄒᆞ야角力ᄒᆞᆫ後에臣ᄒᆞ니創業이難ᄒᆞ니이다魏徵이曰自古로帝王이艱難홈에得ᄒᆞ야安逸홈에失ᄒᆞ지아님이업ᄉᆞ니守成홈이難ᄒᆞ니이다上이曰玄齡은吾로더부러共히天下를取ᄒᆞ야百死에出ᄒᆞ야一生을得ᄒᆞᆫ고로創業에難홈을知홈이오魏徵은吾로더부러홈게天下를安케ᄒᆞ야항상驕奢홈이富貴에生ᄒᆞ고禍亂이忽ᄒᆞᆫ바에生ᄒᆞᆯᄭ恐ᄒᆞᄂᆞᆫ故로守成에難홈을知ᄒᆞ나然ᄒᆞ나創業의難은이미往ᄒᆞ얏거니와守成의難은方當히諸公으로더부러愼ᄒᆞ리라玄齡等이拜ᄒᆞ

揚氣也
援引也
靡々不厭
之意

야曰陛下ㅣ此言에及ᄒᆞ니四海의福이니다

以給事中馬周로爲中書舍人ᄒᆞ니周ㅣ有機辯이라中書侍郎岑文本이常稱ᄒᆞ되馬君이論事에援引事類ᄒᆞ야揚搉古今ᄒᆞ고擧要刪煩ᄒᆞ야會文切理ᄒᆞ니一字도不可增이오亦不可減이라聽之靡靡ᄒᆞ야令人忘倦이라ᄒᆞ더라 出馬周本傳

給事中馬周로써中書舍人을ᄉᆞᆷ으니周가機辯이有ᄒᆞᆫ지라中書侍郎岑文本이항상稱ᄒᆞ되馬君이事를論ᄒᆞ미事類를援引ᄒᆞ야古今을揚搉ᄒᆞ고要를擧ᄒᆞ고煩을刪ᄒᆞ야文에會ᄒᆞ고理에切ᄒᆞ니一字라도可이增치못ᄒᆞᆯ것시오ᄯᅩᄒᆞᆫ可이減치못ᄒᆞᆯ지라聽ᄒᆞ미靡々ᄒᆞ야人으로ᄒᆞ야금倦ᄒᆞᆷ을忘케ᄒᆞ다ᄒᆞ더라

唐紀

太宗皇帝下

(己亥)十三年이라正月에加左僕射房玄齡太子少師ᄒᆞ니玄齡이以度支로繫天下利害ᄒᆞ고嘗有闕에求其人未得이라ᄒᆞ야乃自領

之ᄒᆞ다 (出玄齡傳)

十三年이라 正月에 左僕射房玄齡으로 太子少師를 加ᄒᆞ니 玄齡이 度支로써 天下利害를 繫ᄒᆞ고 일쭉 闕官이 有ᄒᆞ미 그 人을 求호ᄃᆡ 得지 못ᄒᆞ엿다 ᄒᆞ야 이에 스ᄉᆞ로 領ᄒᆞ다

上이 既詔宗室羣臣ᄒᆞ야 襲封刺史호ᄃᆡ 左庶子于志寧이 以爲古今이 事殊ᄒᆞ니 恐非久安之道라ᄒᆞ야 上疏爭之ᄒᆞ고

上이 이미 宗室群臣을 詔ᄒᆞ야 刺史를 襲封케 ᄒᆞ려 ᄒᆞ되 左庶子于志寧이 써 호ᄃᆡ 古今이 事가 殊ᄒᆞ니 久安의 道가 안일ᄭᆞ 恐ᄒᆞ다 ᄒᆞ야 上疏ᄒᆞ야 爭ᄒᆞ고

侍御史馬周ㅣ 亦上疏ᄒᆞ야 以爲堯舜之父로도 猶有朱均之子ᄒᆞ니 (堯封子朱於丹淵故號丹朱 舜封子均於商故號商均) 儻有孩童이 嗣職ᄒᆞ야 萬一驕愚ᄒᆞ면 兆庶ㅣ 被其殃ᄒᆞ고 而國家ㅣ 取其敗ᄒᆞ리니 正欲絶之也ᆫ댄 則子文之治ㅣ 猶在ᄒᆞ고 正欲留之也ᆫ댄 而欒黶之惡이 已彰이라 (黶乙減反 左傳晉士鞅曰 欒黶汰虐已甚 猶可以免 其在盈乎 黶死 武子所施沒矣 而黶之怨寔彰 後盈見逐) 與其毒害於見存之百姓으론 則寧使割恩於已亡之臣이니 然則向所謂愛之者ᄂᆞᆫ 乃適所以傷之也ㅣ라

侍御史馬周ㅣ또ᄒᆞᆫ疏를上ᄒᆞ여써호ᄃᆡ堯舜의父로도외이려朱均의子가有ᄒᆞ니黨ᄒᆡ孩童이有ᄒᆞ야職을嗣ᄒᆞ야萬一驕愚ᄒᆞ면兆庶가그殃을被ᄒᆞ고國家ㅣ그敗를受ᄒᆞ리니正히絶ᄒᆞ고ᄌᆞᄒᆞᆫ則子文의治가외이려在ᄒᆞ고正히留ᄒᆞ고자ᄒᆞᆯ진ᄃᆡ欒黶의惡이이미彰ᄒᆞᆫ지라그見存의百姓에게毒害ᄒᆞᆷ으로더부론차라리ᄒᆞ여금恩을已亡의一臣에割ᄒᆞᆯ지니然ᄒᆞᆫ則向에謂ᄒᆞᆫ바愛ᄒᆞᆫ者ᄂᆞᆫ이에맛ᄎᆞᆷ니써傷ᄒᆞᄂᆞᆫ비니다

會에長孫無忌等이皆不願之國ᄒᆞ고上表固讓이어ᄂᆞᆯ上이曰割地以封功臣은古今通義다意欲公之後嗣로輔朕子孫ᄒᆞ야共傳永久여ᄂᆞᆯ而公等이乃復發言怨望ᄒᆞ니朕이豈彊公等以茅土邪아（古者天子以五邑土爲壇封諸侯取其方面土苴以白茅授之使立社於其國也）**詔停世封刺史ᄒᆞ다**（出政要）

會에長孫無忌等이다國에之ᄒᆞ기를願치안이ᄒᆞ야表를上ᄒᆞ여固讓ᄒᆞ거ᄂᆞᆯ上이日地를割ᄒᆞ야써功臣을封ᄒᆞᆷ은古와今에通義라意에公의後嗣로朕의子孫을輔ᄒᆞ야ᄒᆞᆫ가지永久ᄒᆞᆷ을傳ᄒᆞ고자ᄒᆞᆷ이어ᄂᆞᆯ公等이이에다시發言ᄒᆞ여怨望ᄒᆞ니朕이엇지公等을茅土로써彊ᄒᆞᆯ야詔ᄒᆞ야刺史世封ᄒᆞᆷ을停ᄒᆞ다

五月에旱이어ᄂᆞᆯ詔五品以上ᄒᆞ야上封事ᄒᆞᄃᆡ魏徵이上疏以爲ᄒᆞᄃᆡ陛下

志業을比貞觀初ᄒᆞ건디漸不克終者ㅣ凡十條니다上이深加獎歎ᄒᆞ고

賜黃金十斤과廐馬十匹ᄒᆞ다 出諫錄

五月에旱ᄒᆞ거늘五品써上을詔ᄒᆞ야封事를上ᄒᆞ라ᄒᆞᆫ디魏徵이疏를上ᄒᆞ야써ᄒᆞ디
陛下ㅣ業에志ᄒᆞ심을貞觀初에比ᄒᆞ건디漸히終을克지못ᄒᆞᆫ者ㅣ무릇十條니다上이
深히獎嘆ᄒᆞ심을加ᄒᆞ고黃金十斤과廐馬十匹을賜ᄒᆞ다

本傳에曰徵이上疏極言曰臣이侍奉帷幄十餘年에陛下ㅣ許臣以仁義之道ᄒᆞ디守而勿失ᄒᆞ고儉約朴素ᄒᆞ야終始弗渝ᄒᆞ니라德音이在耳ᄒᆞ야敢不忘也니다頃年以來로寢不克終이라謹用條陳ᄒᆞ야裨萬分一ᄒᆞ노이다陛下ㅣ在貞觀初ᄒᆞ야清靜寡欲ᄒᆞ야化被方外러니今에萬里ㅣ遣使ᄒᆞ야市索駿馬ᄒᆞ고幷訪珍怪오녀昔에漢文帝는却千里馬ᄒᆞ고晉文帝는焚雉頭裘ᄒᆞ니陛下ㅣ居常議論에遠輩堯舜이러니今所爲ㅣ更欲處漢文晉武下乎잇가此ㅣ不克終이一漸也오陛下ㅣ在貞觀初ᄒᆞ야護民之勞ᄒᆞ야呴(兄羽反)之如子ᄒᆞ고不輕營爲러니頃旣奢肆ᄒᆞ야

思用人力ᄒ야 乃曰百姓이 無事則爲驕ᄒ고 勞役則易使ᄒ니라 自古
로 未有百姓逸樂而致傾敗者ᅵ라 何有逆畏其驕而爲勞役
哉잇가 此ᅵ 不克終이 一漸也오 陛下ᅵ 在貞觀初ᄒ야 役己以利物이러
니 比來에는 縱欲以勞人ᄒ야 雖憂人之言이 不絶於口나 而樂身之
事ᅵ 實切諸心ᄒ니 此ᅵ 不克終이 三漸也오 在貞觀初ᄒ야 親君子斥
小人ᄒ며 比來에 輕褻小人ᄒ고 禮重君子ᄒ니 重君子也는 恭而遠
之ᄒ고 輕小人也는 狎而近之라 近之면 莫見其非오 遠之면 莫見
其是니 莫見其是면 則不待間而踈오 莫見其非면 則有時而
昵이니 此 不克終이 四漸也오 在貞觀初ᄒ야 不貴異物ᄒ고 不作無益
이러니 而今엔 難得之貨를 雜然並進ᄒ고 玩好之作을 無時而息ᄒ니 此
不克終이 五漸也오 貞觀之初에 求士如渴ᄒ야 賢者所擧를 即信
而仕之ᄒ야 取其所長호ᄃ 常恐不及이러니 比來엔 由心好惡ᄒ야 以衆賢

學而用이라가 以一人毁而棄ᄒᆞ고 雖積年仕而信이라가 或一朝疑而
斥ᄒᆞ야 使讒佞으로 得行ᄒᆞ야 守道를 疏間ᄒᆞ니 此ㅣ 不克終이 六漸也오 在
貞觀初ᄒᆞ야 高居探拱ᄒᆞ샤 無田獵畢弋之好ㅣ러니 數年之後에 志不
克固ᄒᆞ야 鷹犬之貢을 遠及四夷ᄒᆞ고 晨出夕返ᄒᆞ야 馳騁爲樂ᄒᆞ니 變起
不測이면 其及救乎잇가 此ㅣ 不克終이 七漸也오 在貞觀初ᄒᆞ야 遇下
有禮ᄒᆞ고 羣情이 上達이러니 今外官이 奏事에 顏色을 不接ᄒᆞ고 間因所
短ᄒᆞ샤 詰其細過ᄒᆞ니 雖有忠款이ᄂᆞ 而不得伸이라 此ㅣ 不克終이 八漸
也오 在貞觀初ᄒᆞ야 孜孜治道ᄒᆞ야 常若不足이러니 比엔 恃功業之
大ᄒᆞ고 負聖智之明ᄒᆞ야 長傲縱欲ᄒᆞ고 無事興兵ᄒᆞ고 問罪遠裔ᄒᆞ니 此ㅣ
不克終이 九漸也오 貞觀初에 頻年霜旱ᄒᆞ야 畿內戶口ㅣ 並就關
外ᄒᆞ야 攜老扶幼ᄒᆞ야 來往數年호ᄃᆡ 卒無一戶亡去ᄒᆞ니 此ᄂᆞᆫ 由陛下ㅣ
徐育撫寧故로 死不攜貳也ㅣ러니 比者엔 疲於徭役ᄒᆞ야 關中之人

이勞弊尤甚ᄒᆞ고 脫有一穀不收에 百姓之心恐이 不如前日之帖泰ᄒᆞ니 此ㅣ 不克終이 十漸也니다 夫禍福이 無門이오 惟人所召ㅣ니 人無釁焉이면 妖不妄作ᄒᆞ나니 今에 旱熯(呼旱反)之灾ㅣ 遠被郡國ᄒᆞ야 凶醜之孼이 起於轂下ᄒᆞ니 此는 上天이 示戒ᄒᆞ야 乃陛下恐懼憂勤之日也니다 千載休期는 時難再得이어늘 明主ㅣ 可爲而不爲ᄒᆞ니 臣所以鬱結長嘆者也로소이다

本傳에曰徵이疏를上ᄒᆞ야極히言ᄒᆞ야曰臣이幃幄을侍奉ᄒᆞᆫ지十餘年에陛下ㅣ臣의게仁義의道로써許ᄒᆞ오ᄃᆡ守ᄒᆞ야失치말고儉約朴素ᄒᆞ야終始을渝치안이ᄒᆞ리라ᄒᆞ니德音이耳에在ᄒᆞ야敢이忘치안이ᄒᆞᄂᆞ니다頃年써來ᄒᆞᆷ으로寢히終을克지안이ᄒᆞᄂᆞᆫ지라謹히써條를陳ᄒᆞ야萬分에一을裨ᄒᆞ려ᄒᆞᄂᆞ이다陛下ㅣ貞觀의初에在ᄒᆞ야淸靜ᄒᆞ고欲이寡ᄒᆞ야化가方外에被ᄒᆞ얏더니今에萬國이使를遣ᄒᆞ야市에셔駿馬를索ᄒᆞ고珍怪를幷訪ᄒᆞᄂᆞ이다昔에漢文帝ᄂᆞᆫ千馬里를却ᄒᆞ고晋武帝ᄂᆞᆫ雉頭裘를焚ᄒᆞ니陛下ㅣ居ᄒᆞ야항상論議ᄒᆞ미遠히堯舜을輩ᄒᆞ더니今에爲ᄒᆞᄂᆞᆫ바다시漢文과晋武의下에處코져ᄒᆞᄂᆞ잇가此ㅣ終을克치못ᄒᆞᆷ이一漸이오陛下ㅣ貞觀의

初에在ᄒᆞ야民의勞를護ᄒᆞ야响ᄒᆞᆷ을子와갓치ᄒᆞ고營爲를輕히안이ᄒᆞ더니頃에임
이奢肆ᄒᆞ야人力을思用ᄒᆞ야이에日百姓이事가無ᄒᆞᆫ則驕ᄒᆞ고勞役ᄒᆞᆫ則使ᄒᆞ기易
ᄒᆞ다ᄒᆞ니古로부터百姓이逸樂ᄒᆞ고傾敗를致ᄒᆞᆫ者ㅣ有치안이ᄒᆞ니읏지그驕를逆
畏ᄒᆞ야勞役을爲ᄒᆞᆷ이有ᄒᆞ릿가此ㅣ終을克지못ᄒᆞᆷ이二漸이오陛下ㅣ貞觀初에在
ᄒᆞ야己를役ᄒᆞ야써物에利케ᄒᆞ더니比來에ᄂᆞᆫ欲을縱ᄒᆞ야써人을勞ᄒᆞ야비록憂人
의言이口에絕치안이ᄒᆞ나樂身의事ㅣ實노心에切ᄒᆞ니此ㅣ終을克지못ᄒᆞᆷ이三漸
이오貞觀初에在ᄒᆞ야君子를親히ᄒᆞ고小人을斥ᄒᆞ더니比來에小人을輕褻ᄒᆞ고君
子를禮重ᄒᆞ니君子를重히ᄒᆞᆷ은恭ᄒᆞ야遠ᄒᆞᆷ이오小人을輕히ᄒᆞᆷ은狎ᄒᆞ야近ᄒᆞᆷ이니
近ᄒᆞ면그非를見치못ᄒᆞᆯ것시오遠ᄒᆞ면그是를見치못ᄒᆞᆯ것시니그是를見치못ᄒᆞ면
곳間ᄒᆞᆷ을待치안이ᄒᆞ야踈ᄒᆞᆯ것시오그非를見치못ᄒᆞ면곳時로昵ᄒᆞᆷ이有ᄒᆞᆯ지니此
ㅣ終을克지못ᄒᆞᆷ이四漸이오貞觀初에在ᄒᆞ야異物을貴히안이ᄒᆞ고無益을作지안
이ᄒᆞ더니今에ᄂᆞᆫ難得의貨를雜然이並進ᄒᆞ고玩好의作을時로息ᄒᆞᆷ이無ᄒᆞ니此ㅣ
終을克지못ᄒᆞᆷ이五漸이오貞觀의初에士를求ᄒᆞᆷ을渴과갓치ᄒᆞ야賢者의擧ᄒᆞᆫ바를
곳信ᄒᆞ야任ᄒᆞ야그長ᄒᆞᆫ바를取ᄒᆞ야항상及치못ᄒᆞᆯ가恐ᄒᆞ더니比來에ᄂᆞᆫ心에好惡
를由ᄒᆞ야衆賢의擧ᄒᆞᆷ으로써用ᄒᆞ다가一人에毁로써棄ᄒᆞ고비록積年으로任ᄒᆞ고
信ᄒᆞ다가或一朝에疑로斥ᄒᆞ샤讒佞으로ᄒᆞ야금行ᄒᆞᆷ을得ᄒᆞ고守道를疏間캐ᄒᆞ니
此ㅣ終을克지못ᄒᆞᆷ이六漸이오貞觀初에在ᄒᆞ야高居深拱ᄒᆞ야田獵과畢弋의好가

無ᄒᆞ더니數年의後에志가능히固치못ᄒᆞ야鷹太의責을遠히四夷에及ᄒᆞ고晨에出ᄒᆞ고夕에返ᄒᆞ야馳騁으로樂을ᄒᆞ니變이不測에起ᄒᆞ면그救ᄒᆞᆷ을及ᄒᆞᆯ잇가此ㅣ終을克지못ᄒᆞᆷ이七漸이오貞觀初에在ᄒᆞ야下를遇ᄒᆞᆷ이禮가有ᄒᆞ야羣情이上達ᄒᆞ더니今에外官이奏事ᄒᆞᄆᆡ顏色을接지안이ᄒᆞ고間으로短ᄒᆞᆫ바를因ᄒᆞ야그細過를詰ᄒᆞ니비록忠款이有ᄒᆞ느시러곰伸치못ᄒᆞ는지라此ㅣ終을克지못ᄒᆞᆷ이八漸이오貞觀初에在ᄒᆞ야孜孜히治道ᄒᆞ야항상不足ᄒᆞᆷ갓더니比엔功業의大ᄒᆞᆷ을恃ᄒᆞ고聖智의明ᄒᆞᆷ을負ᄒᆞ야長傲ᄒᆞ야欲을縱ᄒᆞ고事가無히兵을興ᄒᆞ고遠裔에게罪를問ᄒᆞ니此ㅣ終을克지못ᄒᆞᆷ이九漸이오貞觀初엔頻年霜旱ᄒᆞ야畿內에戶口ㅣ아올너關外에就ᄒᆞ야老를携ᄒᆞ고幼를扶ᄒᆞ야數年을來往ᄒᆞ되맛ᄎᆞᆷ니一戶라도亡去ᄒᆞᆷ이無ᄒᆞ니此는陛下ㅣ徐育撫寧ᄒᆞᆷ을由ᄒᆞᆫ故로死ᄒᆞ야도携貳치안이ᄒᆞ더니比者엔徭役에疲ᄒᆞ야關中의人이勞弊ᄒᆞᆷ이尤甚ᄒᆞ고脫ᄒᆞ야一穀을收치안이ᄒᆞᆷ이有ᄒᆞᄆᆡ百姓의心이恐ᄒᆞᆷ이前日에帖泰와如치안이ᄒᆞ니此ㅣ終을克지못ᄒᆞᆷ이十漸이니다듸져禍福이門이無ᄒᆞ고오작人에召ᄒᆞᆫ빈니人이釁이無ᄒᆞ면妖가妄作지못ᄒᆞ느니今에旱熯의災ㅣ멀니郡國에被ᄒᆞ야凶醜의孽이轂下에서起ᄒᆞ니此는上天이戒를示ᄒᆞ야이에陛下게서恐懼憂勤ᄒᆞᆯ日이니다千載에休期는時로再得ᄒᆞ기難ᄒᆞ거늘明主ㅣ可爲ᄒᆞᆯ不爲ᄒᆞ니臣에써鬱結ᄒᆞ야長歎ᄒᆞᄂᆞᆫ바者로소이다

疏奏에 帝ㅣ曰朕이今聞過矣라 願改之ᄒᆞ야以終善道ᄒᆞ리니 有違此言이면當何施顔面ᄒᆞ야與公相見哉아 乃以所上疏로 列爲屛幛ᄒᆞ야庶朝夕見之ᄒᆞ고兼錄付史官ᄒᆞ야使萬世로知君臣之義ᄒᆞ다

疏를奏ᄒᆞᆷ에帝ㅣ曰朕이今에過를聞ᄒᆞᆫ지라願컨ᄃᆡ改ᄒᆞ야써善道를終ᄒᆞ리니此言를違ᄒᆞᆷ이有ᄒᆞ면맛당이엇지顔面을施ᄒᆞ야公으로더부러相見ᄒᆞᆯ야이에上疏ᄒᆞᆫ바로써屛幛을列爲ᄒᆞ야거의朝夕에見ᄒᆞ고兼ᄒᆞ야史官에게錄付ᄒᆞ야萬世로하여곰君臣의義를知케ᄒᆞ다

(庚子)十四年이라二月에上이 幸國子監ᄒᆞ야 觀釋奠ᄒᆞ시고 命祭酒孔穎達ᄒᆞ야講孝經ᄒᆞ고 賜祭酒以下로 至諸生高第히 帛이 有差러라 是時에上이大徵天下名儒ᄒᆞ야爲學官ᄒᆞ고數幸國子監ᄒᆞ야 使之講論ᄒᆞ야學生이 能明一大經已上이면 皆得補官ᄒᆞ고 增築學舍千二百間ᄒᆞ고 增學生ᄒᆞ니 滿三千二百六十員이라 自屯營飛騎로 亦給博士ᄒᆞ고使授以經ᄒᆞ야有能通經者를 聽得貢擧ᄒᆞ니於是에 四方學者

ㅣ雲集京師ᄒᆞ고乃地高麗百濟(百濟之國馬韓之屬也本扶餘王東明之後有仇台者篤於仁信始立國於帶方故地遂爲東夷強國初以百家濟因號焉其國東極新羅高麗西南具限大海其都曰居牧城亦曰固麻城東夷傳云三韓凡七十八國百濟其一也)新羅高昌吐蕃히諸酋長이亦遣子弟ᄒᆞ야請入國學ᄒᆞ니升講筵者ㅣ至八千餘人이러라上이以師說이多門ᄒᆞ고章句繁雜이라ᄒᆞ야命孔穎達ᄒᆞ야與諸儒로撰定五經疏ᄒᆞ고謂之正義라ᄒᆞ야令學者로習之ᄒᆞ다(出選擧志及儒學傳序)

十四年이라上이國子監에幸ᄒᆞ야釋奠을觀ᄒᆞ실ᄉᆡ祭酒孔穎達을命ᄒᆞ야孝經을講ᄒᆞ고祭酒써下로諸生高第에至ᄒᆞᆯ하帛을賜ᄒᆞᆷ이差가有ᄒᆞ더라是時에上이天下의名儒徵ᄒᆞ야學官을삼고쟈ᄌᆞ조國子監에幸ᄒᆞ야하여금講論케ᄒᆞ고學生을能히一大經을明ᄒᆞᆫ己上이면다補官을得ᄒᆞ고學舍千二百間을增築ᄒᆞ고學生이增ᄒᆞ니滿三千二百六十員이라屯營飛騎로부터ᄯᅩᄒᆞᆫ博士를給ᄒᆞ고하여금經으로써授ᄒᆞ야能히經을通ᄒᆞᆷ이有ᄒᆞᆫ者를聽ᄒᆞ야貢擧ᄒᆞᆷ을得ᄒᆞ니이에四方의學者ㅣ京師에雲集ᄒᆞ고이에高麗와百濟와高昌과吐蕃에至ᄒᆞᆯ이諸酋長이ᄯᅩᄒᆞᆫ子弟를遣ᄒᆞ야國學에入ᄒᆞ기를請ᄒᆞ니講筵에升ᄒᆞᆫ者ㅣ八千餘人에至ᄒᆞᆫ지라上이써師說이門이多ᄒᆞ고章句가繁雜ᄒᆞ다ᄒᆞ疏야穎達을命ᄒᆞ야諸儒로더부러五經者를撰定ᄒᆞ고謂ᄒᆞ되正義라ᄒᆞ야學者로하여금習ᄒᆞ게ᄒᆞ다

侯君集이 滅高昌ᄒᆞ고 以其地로 爲西州ᄒᆞ니 於是에 唐地ㅣ 東極于海ᄒᆞ고 西至焉耆ᄒᆞ고 南盡林邑ᄒᆞ고 北抵大漠ᄒᆞ야 皆爲州縣ᄒᆞ니 東西는 九千五百一十里오 南北은 一萬九百一十八里러라

侯君集이高昌을滅ᄒᆞ고그地로ᄡᅥ西州를삼으니이에唐地가東으로海에極ᄒᆞ고西으로焉耆에至ᄒᆞ고南으로林邑에至ᄒᆞ고北으로大漠에至ᄒᆞ니다州縣을삼으니東西는九千五百一十里오南北은一萬九百一十八里러라

(辛丑)十五年이라 正月에 上이 指殿屋ᄒᆞ야 謂侍臣曰治天下ㅣ 如建此屋ᄒᆞ야 營構旣成이면 勿數改移니 苟易一榱ᄒᆞ며 正一瓦ㅣ면 踐履動搖에 必有所損이라 若慕奇功ᄒᆞ야 變法度ᄒᆞ야 不恒其德이면 勞擾ㅣ 實多ᄒᆞ니라

十五年이라正月에上이殿屋을指ᄒᆞ야侍臣ᄃᆞ려謂ᄒᆞ며曰天下를治홈이此屋을建홈과如ᄒᆞ야營構가이믜成ᄒᆞ면자조改移치말지니진실로一榱를易ᄒᆞ며一瓦를正ᄒᆞ면踐履動搖에반ᄃᆞ시損ᄒᆞ논바有홀지라만일奇功을慕ᄒᆞ며法度를變ᄒᆞ야그德을恒치아니ᄒᆞ면勞擾홈이實多ᄒᆞ니라

上이謂侍臣曰朕이有二喜一懼ᄒᆞ니比年豐稔ᄒᆞ야長安이斗粟直三四錢ᄒᆞ니一喜也오北虜久服ᄒᆞ야邊鄙無虞ᄒᆞ니一喜也오治安則驕侈ㅣ易生ᄒᆞ고驕侈則危亡이立至ᄒᆞ리니此ㅣ一懼也ㅣ니라

上이侍臣ᄃᆞ려謂ᄒᆞ야曰朕이二喜와一懼ㅣ有ᄒᆞ니比年에豐稔ᄒᆞ야長安이斗粟에直이三四錢ᄒᆞ니一喜오北虜ㅣ久服ᄒᆞ야邊鄙에虞ㅣ無ᄒᆞ니一喜오治安ᄒᆞᆫ則驕侈ᄒᆞᆷ이生ᄒᆞ기易ᄒᆞ고驕侈ᄒᆞᆫ則危亡이立至ᄒᆞ리니此ㅣ一懼로다

并州大都督長史李世勣이在州十六年에令行禁止ᄒᆞ니夷民이懷服이라上이曰隋煬帝ㅣ勞百姓築長城ᄒᆞ야以備突厥호ᄃᆡ卒無所益이러니朕이唯置李世勣於晉陽而邊塵이不驚ᄒᆞ니其爲長城이豈不壯哉아乃以世勣으로爲兵部尚書ᄒᆞ다

并州大都督長史李世勣이州에在ᄒᆞᆫ지十六年에令行禁止ᄒᆞ니夷民이服ᄒᆞᄂᆞᆫ지라上이曰隋煬帝ㅣ百姓을勞ᄒᆞ며長城을築ᄒᆞ야써突厥을備호ᄃᆡ맛ᄎᆞᆷ내益ᄒᆞᆫ배無ᄒᆞ더니朕이오직李世勣을晉陽에置ᄒᆞᆷ에邊塵이驚치아니ᄒᆞ니그長城이됨이엇지壯치아니ᄒᆞ랴ᄒᆞ고이에世勣으로써兵部尚書를삼다

上이問魏徵ᄒᆞ되比來에朝臣이 何殊不論事오 對曰陛下ㅣ虛心
采納ᄒᆞ시면必有言者ㅣ리다 凡臣이徇國者ㅣ寡ᄒᆞ고 愛身者ㅣ多ᄒᆞ니彼ㅣ
畏罪故로不言이니이다 上이曰然다ᄒᆞ 人臣이開說忤旨가動及刑誅면
與夫蹈湯火冒白刃者로亦何異哉아 是以로禹拜昌言ᄒᆞ니이다 良
爲此也로다 出諫錄

上이魏徵다려問ᄒᆞ되比來에朝臣이웃지자못事를論치아니ᄒᆞᄂᆞ뇨對ᄒᆞ여曰陛下
ㅣ心을虛ᄒᆞ야采納ᄒᆞ시면반다시言ᄒᆞᆯ者ㅣ有ᄒᆞᆯ이다므릇臣이徇國ᄒᆞᄂᆞᆫ者ㅣ寡ᄒᆞ고
愛身ᄒᆞᄂᆞᆫ者ㅣ多ᄒᆞ니彼가罪를畏ᄒᆞᄂᆞᆫ고로不言ᄒᆞᄂᆞ이다上이曰然ᄒᆞ다人臣이說을
開ᄒᆞ야旨를忤ᄒᆞ다가動ᄒᆞ야刑誅에及ᄒᆞ면되저湯火를蹈ᄒᆞ며白刃을冒ᄒᆞᄂᆞᆫ者로
더부러ᄯᅩᄒᆞᆫ웃지異ᄒᆞᆯ야是以로禹가昌言을拜ᄒᆞ얏다ᄒᆞ니진실노此를爲ᄒᆞᆷ이로다

上이嘗臨朝에謂侍臣曰ㅣ 朕이爲人主ᄒᆞ야常兼行將相之事로다
給事中張行成이退而上書ᄒᆞ야 以爲禹ㅣ不矜伐而天下ㅣ莫
與之爭ᄒᆞ니 陛下ㅣ撥亂反正에羣臣이誠不足望淸光이나 然이나不
必臨朝에言之以萬乘之尊ᄒᆞ야乃與羣臣으로校功爭能이니 臣은竊

爲陛下不取ᄒᆞ노이다 上이 甚善之러라 (出行成錄)

上이일즉朝를臨ᄒᆞ심의侍臣다려謂ᄒᆞ여曰朕이人主되여항상秉ᄒᆞ여將相의事를行ᄒᆞ얏노라給事中張行成이書를上ᄒᆞ야써ᄒᆞ되禹ㅣ伐을矜치아니ᄒᆞ심미天下ㅣ더부러爭ᄒᆞ리가업셧스니陛下ㅣ亂을撥ᄒᆞ야正에反ᄒᆞ미群臣이진실로足히淸光을望치못ᄒᆞ나然ᄒᆞ나반다시朝를臨ᄒᆞ미萬乘의尊으로써言ᄒᆞ야이에群臣으로더부러功을校ᄒᆞ며能을爭치아니ᄒᆞ실지니臣은그윽히陛下를爲ᄒᆞ야取치아니ᄒᆞ노이다上이甚히善이여기더라

上이 以近世陰陽雜書ㅣ 訛僞尤多로 命太常博士呂才ᄒᆞ야 刊定上之ᄒᆞ다 才ㅣ 皆爲之叙ᄒᆞ고 質以經史ᄒᆞ니 其序宅經에 曰近世巫覡이 妄分五姓ᄒᆞ야 如張王으로 爲商ᄒᆞ고 武庾로 爲羽는 似取諧韻이나 至於以柳로 爲宮ᄒᆞ고 以趙로 爲角ᄒᆞ야 又復不類ᄒᆞ고 或同出一姓이나 分屬宮商ᄒᆞ고 或複姓數字에 莫辨徵羽ᄒᆞ니 此則事不稽古ᄒᆞ고 義理乖僻者也ㅣ니다 叙祿命에 曰祿信之書ㅣ 多言或中이어ᄂᆞᆯ 人乃信之나 然이나 長平坑卒이 未聞共犯三刑이여 (秦將白起攻趙 時趙軍長平 秦殺其將趙括 坑其降卒四十萬事 在周赤王五十五)

刋定刑削

(巫覡)在男曰覡在女曰巫

漢光武時彭寵李通鄧晨來歙鄧禹岑彭賈復吳漢陳俊任光朱祐杜茂馬成馬武劉隆韓歆趙熹

年 南陽貴士ᅵ何必俱當六合이리오

張堪馮魴蔡少公李軼李守尹敏等皆南陽人並貴士也 今에亦有同年同祿而貴賤懸殊ᄒᆞ고共命共胎

而夭壽ᅵ更異ᄒᆞ니 此ᄂᆞᆫ 皆祿命이 不驗之著明者也ᅵ로다 其叙葬에

曰古者에卜葬이 盖以朝市遷變ᄒᆞ고泉石이 交侵으로不可前知故

로謀之龜筮ᄒᆞ고近代에 或選年月ᄒᆞ며或相墓田ᄒᆞ야 以爲窮達壽夭

ᅵ皆因卜葬所致ᄒᆞ니라 按禮에 天子諸侯大夫葬이 皆有月數ᄒᆞ니

是ᄂᆞᆫ古人이不擇年月也오春秋九月丁巳에葬定公ᄒᆞᆯ서雨ᄂᆞᆯ여不克

葬ᄒᆞ고戊午日下昃에 乃克葬ᄒᆞ니是ᄂᆞᆫ 不擇日也오 鄭葬簡公ᄒᆞᆯ서司

墓之室이鄭掌公墓大夫徒屬之家當路ᄂᆞᆯ여 毁之則朝而窆이오 不毁則日中而窆이어

ᄂᆞᆯ子產이不毁ᄒᆞ니是ᄂᆞᆫ不擇時也오古之葬者ᅵ 皆於國都之北에

兆域이有常處ᄒᆞ니是ᄂᆞᆫ不擇地也라今에 以妖巫妄言으로遂於擘踊

之際에 擇地選時ᄒᆞ야 以希富貴ᄒᆞ며 或云辰日은 不可哭泣이라ᄒᆞ야 遂

莞爾而對吊客ᄒᆞ며或云同屬이忌於臨壙ᄒᆞ야라 遂去吉服을不從其
親ᄒᆞ니傷敎敗禮ㅣ莫斯爲甚이라ᄒᆞ니識者ㅣ以爲確論ᄒᆞ며라
上이近世에陰陽雜書가訛僞홈이尤多홈으로써太常博士呂才를命ᄒᆞ야刊定ᄒᆞ야
上케ᄒᆞ니才가敍ᄒᆞ고經史로써質ᄒᆞ니그序宅經에曰近世에巫覡이妄히五姓을
分ᄒᆞ야張王으로商이라ᄒᆞ고武庚으로羽라홈과如홈은諧韻을取홈ᄯᆞᄅᆞᆷ이니柳로써宮
이라ᄒᆞ고趙로써角이라홈에至ᄒᆞ얀ᄯᅩᄒᆞᆫ다시類치아니ᄒᆞ고或一姓에셔同出ᄒᆞᄂᆞᆫ分
ᄒᆞ며宮과商에屬ᄒᆞ고或複姓數字에徵羽를辨치못ᄒᆞ니此ᄂᆞᆫ다事가稽古ᄒᆞ지못ᄒᆞ
고義理乖僻ᄒᆞᆫ者ㅣ니라敍祿命에曰祿命의書가言이多ᄒᆞ야或中ᄒᆞ게ᄂᆞᆫ人이이에
信ᄒᆞᄂᆞᆫ然ᄒᆞ나長平坑卒이三刑을共犯홈을聞치못ᄒᆞ얏스며南陽에貴士ㅣ엇지반
다시六合의俱當ᄒᆞ리오今에ᄯᅩᄒᆞᆫ同年同祿이有ᄒᆞ되貴賤이懸殊ᄒᆞ고共命共胎ᄒᆞ
되天壽가更異ᄒᆞ니이ᄂᆞᆫ다祿命이驗치못홈이著明ᄒᆞᆫ者로다그敍葬에曰古者에葬
을卜홈이되ᄆᆡ朝市變遷ᄒᆞ고泉石이交侵홈으로써可이前知ᄒᆞ지못ᄒᆞᄂᆞᆫ故로龜筮
를謀ᄒᆞ고近代에或年月을選ᄒᆞ며或墓田을相ᄒᆞ야써窮達과壽와天ㅣ다卜葬에致
ᄒᆞᆫ바라ᄒᆞ니按禮에天子와諸侯와大夫의葬이다月數가有ᄒᆞ니是ᄂᆞᆫ古人이年月
을擇지아니홈이오春秋九月丁巳에定公을葬홀ᄉᆡ雨ᄒᆞ거ᄂᆞᆯ能히葬치못ᄒᆞ고戊
午日下昃에이에克葬ᄒᆞ니이ᄂᆞᆫ日에擇홈이아니오鄭에簡公을葬홀ᄉᆡ司墓의室이

(壙)墓穴也

路에當ᄒᆞ엿거ᄂᆞᆯ毁ᄒᆞᆫ즉朝에窆ᄒᆞᆯ것시오不毁ᄒᆞᆫ즉日中에窆ᄒᆞᆯ것거ᄂᆞᆯ子産이毁치아니ᄒᆞ니時를擇지아니홈이오古의葬ᄒᆞᆫ者ㅣ다國都의北에兆域이常處가有ᄒᆞ니이ᄂᆞᆫ地를擇치안이홈이今에妖巫의妄言으로써드듸여擗踊ᄒᆞᆯ際에地를擇ᄒᆞ며時을選ᄒᆞ야써富貴를希ᄒᆞ며或은云ᄒᆞ되辰日은可히哭泣ᄒᆞ지못ᄒᆞᆫ다ᄒᆞ야드듸여莞爾홈으로吊客을對ᄒᆞ며或은云ᄒᆞ되親屬이臨壙홈을忌ᄒᆞᆫ다ᄒᆞ야드듸여吉服을그親에게送치아니ᄒᆞ니敎를傷ᄒᆞ고禮를敗홈이斯에셔甚홈이읍다ᄒᆞ니識者ㅣ써確論이라ᄒᆞ더라

(壬寅)十六年이라上이謂諫議大夫褚遂良曰卿이猶知起居ᄒᆞ니注所書를可得觀乎아對曰史官이書人君言動ᄒᆞ며備記善惡ᄒᆞ니庶幾人君이不敢爲非오未聞自取而觀之也ㅣ니다上이曰朕有不善이면卿이亦記之邪아對曰臣이職當載筆ᄒᆞ니(當主也主執記載之筆)不敢不記니다黃門侍郞劉洎(巨至反)ㅣ曰借使遂良으로不記라도天下ㅣ亦皆記之니다上이曰朕行이有三ᄒᆞ니一은監前代ᄒᆞ야以爲元龜ㅣ요二는進善人ᄒᆞ야共成政道요三은斥遠羣小ᄒᆞ야不受讒言ᄒᆞ고朕이能守而勿失ᄒᆞ니亦欲史氏로不能書吾惡也로라(出遂良傳)

十六年이라上이諫議大夫褚遂良다려謂ᄒᆞ여曰卿이외이려起居를知ᄒᆞ니注ᄒᆞ야書ᄒᆞᆫ바를可이시러곰觀ᄒᆞ깃ᄂᆞ야對ᄒᆞ여曰史官이人君의言動을書ᄒᆞ며善惡을備記ᄒᆞ니거위人君이敢이非를ᄒᆞ지못ᄒᆞᆯ것시오스ᄉᆞ로取ᄒᆞ여觀ᄒᆞᆫ다ᄒᆞᆷ은聞ᄒᆞ지못ᄒᆞ얏나이다上이曰朕이善치못ᄒᆞᆷ이有ᄒᆞ면卿이ᄯᅩᄒᆞᆫ記ᄒᆞᄂᆞ냐對ᄒᆞ야曰臣이職이載筆ᄒᆞᆷ을當ᄒᆞ니敢히記치안이치못ᄒᆞ나이다黃門侍郎劉洎ㅣ曰비려遂良으로ᄒᆞ여곰記치아니ᄒᆞ드리도天下ᄯᅩᄒᆞᆫ다記ᄒᆞ나이다上이曰朕의行이三이有ᄒᆞ니一은前代를監ᄒᆞ야ᄡᅥ元龜를삼으미오二ᄂᆞᆫ善人을進ᄒᆞ야政道를共成ᄒᆞᆷ이오三은群小를斥遠ᄒᆞ야讒言을受치아니ᄒᆞ고朕이能이守ᄒᆞ여失ᄒᆞ지아니ᄒᆞ니ᄯᅩᄒᆞᆫ史氏로能히吾惡을書치안코져ᄒᆞᆷ이로다

特進魏徵이有疾이어늘上이手詔問之ᄒᆞ고且言호ᄃᆡ不見數日ᄒᆞ니朕過ㅣ多矣로다今欲自往이나恐益爲勞니若有聞見이어든可封狀進來ᄒᆞ라徵이上言호ᄃᆡ陛下臨朝에常以至公으로爲言이나退而行之에未免私僻ᄒᆞ고或畏人知ᄒᆞ야橫加威怒ᄒᆞ야欲盖彌彰ᄒᆞ니竟有何益이리잇고徵의宅이無堂이어늘上이命輟小殿之材ᄒᆞ야以構之ᄒᆞ니五日而成이마仍賜

以素屛風素褥几杖等ᄒᆞ야以遂其所尙ᄒᆞ다(出諫錄)

特進魏徵이疾이有ᄒᆞ거ᄂᆞᆯ上이手詔로問ᄒᆞ고ᄯᅩ言호ᄃᆡ數日을見치몯ᄒᆞ니朕의過가多ᄒᆞ도ᄒᆞ今에ᄉᆞᄉᆞ로往ᄒᆞ고자ᄒᆞᄂᆞ더욱勞홀가恐홈이니만일聞見홈이有ᄒᆞ거든可히封狀ᄒᆞ여進來ᄒᆞ라徵이言을로호ᄃᆡ陛下朝를臨ᄒᆞ미일즉至公으로써言ᄒᆞᄂᆞ蓋코자ᄒᆞ니맛참ᄂᆡ何益이有홀이잇고徵의宅이堂이無ᄒᆞ거ᄂᆞᆯ上이命ᄒᆞ야小殿의材를輟ᄒᆞ야써搆ᄒᆞ니五日에成ᄒᆞᆫ지라인ᄒᆞ여素屛風과素褥와几杖等을賜ᄒᆞ야써그尙ᄒᆞᄂᆞᆫ바를遂ᄒᆞ다

八月에上이曰當今國家에何事ㅣ最急고諫議大夫褚遂良이曰今에四方이無虞ᄒᆞ니惟太子諸王에宜有定分이最急이니이다上이曰此言이是也로다

八月에上이曰當今國家에何事가가장急ᄒᆞᆫ고諫議大夫褚遂良이曰今에四方이虞가無ᄒᆞ니오직太子와諸王에맛당이定分을有홈이가장急ᄒᆞ니이다上이曰此言이是ᄒᆞ도다

西突厥이遣兵寇伊州ᄒᆞ다初에高昌이旣平에歲發千餘人ᄒᆞ야戍

守其地ᄒᆞ니 褚遂良이 上疏諫호ᄃᆡ 上이 不聽이러니 及西突厥이 入寇에 上이 悔之曰 魏徵 褚遂良이 勸我ᄒᆞ야 復立高昌호ᄃᆡ 吾不用其言이러니 今方自咎耳로다 出西域高昌傳

西突厥이兵을遣ᄒᆞ야伊州를寇ᄒᆞᆫᄃᆡ初에高昌이이미平ᄒᆞᆷ이歲로千餘人을發ᄒᆞ야其地를戍守ᄒᆞ니褚遂良이疏를上ᄒᆞ야諫호ᄃᆡ上이聽치아니ᄒᆞ더니밋西突厥이入寇ᄒᆞ믹上이悔ᄒᆞ여曰魏徵과褚遂良이我를勸ᄒᆞ야ᄃᆡ시高昌을立ᄒᆞ라ᄒᆞ되吾ㅣ그言을用치아니ᄒᆞ얏더니今에바야로自咎ᄒᆞ노라

十月에 宇文士及이 卒ᄒᆞ다 上이 嘗止樹下ᄒᆞ야 愛之ᄒᆞᆫᄃᆡ 士及이 從而譽之不已어늘 上이 正色曰 魏徵이 常勸我遠佞人호ᄃᆡ 我ㅣ 不知佞人이 爲誰ᄒᆞ야 意疑是汝러니 今果不謬로다 士及이 叩頭謝ᄒᆞ다 出士及本傳

十月에宇文士及이卒ᄒᆞᆫᄃᆡ上이일즉이樹下에止ᄒᆞ야愛ᄒᆞᆫᄃᆡ士及이從ᄒᆞ여譽ᄒᆞᆷ을마지아니ᄒᆞ거ᄂᆞᆯ上이正色ᄒᆞ여曰魏徵이일즉我를勸ᄒᆞ여佞人을遠하라호ᄃᆡ我ㅣ佞人이誰가되ᄂᆞᆫ지알지못ᄒᆞ야意에미汝를疑ᄒᆞ엿더니今에果히謬ᄒᆞᆷ이아니로다士及이頭를叩ᄒᆞ고謝ᄒᆞ다

上이 謂侍臣曰薛延陁ㅣ 屈彊漠北ᄒᆞ나 屈渠勿反 今御之ᄂᆞᆫ딘 止有二策
ᄒᆞ니 苟非發兵ᄒᆞ야 殄滅之면 則與之婚姻ᄒᆞ야 以撫之耳니 二者에 何從
고 房玄齡이 對曰中國이 新定에 兵凶戰危ᄒᆞ리니 臣은 以爲和親이
便이라ᄒᆞ노이다 上이 曰然ᄒᆞ다 朕이 爲民父母ᄒᆞ니 苟可利之여늘 何愛一女리오 以
新興公主로 妻之ᄒᆞ다

上이侍臣다려謂ᄒᆞ여曰薛延陁ㅣ漠北에屈彊ᄒᆞ나今에御ᄒᆞᆯ진딘다만二策이ᄒᆞ니
진실노兵을發ᄒᆞ야殄滅치안이ᄒᆞ면곳더부러婚姻ᄒᆞ야써撫ᄒᆞᆯ것이니二者에何를
從ᄒᆞᆯ고房玄齡이對ᄒᆞ여曰中國이서로定ᄒᆞᆷ미兵凶戰危ᄒᆞᆯ이니臣은써和親ᄒᆞᆷ이便
ᄒᆞᆯ가ᄒᆞ노니다上이曰然ᄒᆞ다朕이民의父母가되얏스니진실노可이써和롭게ᄒᆞᆯ것
이어늘웃지一女를愛ᄒᆞᆯ이요新興公主로써妻ᄒᆞ다

上이 曰朕爲兆民之主라 皆欲使之富貴ᄒᆞ노니 若敎以禮義ᄒᆞ야 使
之少敬長婦敬夫면 則皆貴矣오 輕徭薄賦ᄒᆞ야 使之各治生業
이면 則皆富矣리니 若家給人足이면 朕이 雖不聽管絃이나 樂在其中矣

리라 出貞觀政要

上이曰朕이兆民의主가된지라다ᄒᆞ여금富貴케ᄒᆞ고쟈ᄒᆞ노니만일敎ᄒᆞᆷ을禮義로써ᄒᆞ야ᄒᆞ여금少로長을敬ᄒᆞ며婦로夫를敬ᄒᆞ면곳다貴ᄒᆞᆯ거시오徭를輕이ᄒᆞ며賦를薄히ᄒᆞ야ᄒᆞ여금各히生業을治케ᄒᆞ면곳다富ᄒᆞᆯ이니만일家ㅣ給ᄒᆞ며人이足ᄒᆞ면朕이비록管絃을聽치안이ᄒᆞ나樂이그中에在ᄒᆞ리라

餌禾餠也

(癸卯)十七年이라正月에魏徵이寢疾이어늘上이遣使者問訊ᄒᆞ고賜以藥餌ᄒᆞ야相望於道ᄒᆞ고又遣中郞將李安ᄒᆞ야儼宿其第ᄒᆞ고動靜을以聞ᄒᆞ고上이復與太子로同至其第ᄒᆞ야指衡山公主ᄒᆞ야欲以妻其子叔玉이러라

十七年이라正月에魏徵이疾이寢ᄒᆞ거늘上이使者를遣ᄒᆞ야問訊ᄒᆞ고藥餌로써賜ᄒᆞ야서로道에望ᄒᆞ고또中郞將李安을遣ᄒᆞ야그第에儼宿ᄒᆞ고動靜을써聞케ᄒᆞ고上이다시太子로더부러同히其第에至ᄒᆞ야衡山公主를指ᄒᆞ야써其子叔玉에게妻ᄒᆞ고쟈ᄒᆞ더라

戊辰에徵이薨커늘上이自製碑文ᄒᆞ야幷爲書石ᄒᆞ고上이思徵不已ᄒᆞ야謂

侍臣曰ㅣ人이以銅爲鑑ᄒᆞ야可正衣冠ᄒᆞ고以古爲鑑ᄒᆞ야可知興替ᄒᆞ고以人爲鑑ᄒᆞ야可明得失ᄒᆞᄂᆞ니朕이嘗保此三鑑ᄒᆞ야以防己過ᄒᆞ더니今에魏徵이歿ᄒᆞ니朕亡一鑑矣로다 出本傳此改用本傳文通鑑多不同

戊辰에徵이薨ᄒᆞ거늘上이ᄉᆞᄉᆞ로碑文을製ᄒᆞ야아울너石에書ᄒᆞ고上이徵을思ᄒᆞᆷ을己치안이ᄒᆞ야侍臣ᄃᆞ려謂ᄒᆞ여曰人이銅으로ᄡᅥ鑑을ᄒᆞ야可이衣冠을正ᄒᆞ고古로ᄡᅥ鑑을ᄒᆞ야可이興替를知ᄒᆞ고人으로ᄡᅥ鑑을ᄒᆞ야可이得失을明ᄒᆞ나니朕이일즉이이三鑑을保ᄒᆞ야ᄡᅥ己의過를防ᄒᆞ더니今에魏徵이歿ᄒᆞ니朕이一鑑을亡ᄒᆞ얏도다

二月에上이問諫議大夫褚遂良曰舜이造漆器에諫者ㅣ十餘人이라ᄒᆞ니此ㅣ何足諫이오對曰奢侈者ᄂᆞᆫ危亡之本이라漆器를不已면將以金玉으로爲之ᄒᆞ리니忠臣이愛君에必防其漸이라若禍亂이已成이면無所復諫矣니이다上이曰然ᄒᆞ다朕이有過면卿이亦當諫其漸ᄒᆞ라朕이見前世帝王ᄒᆞ니拒諫者ㅣ多云業已爲之라ᄒᆞ며或云業已許之라ᄒᆞ야

終不爲改ᄒᆞ니如此코欲無危亡이나得乎아 遂良傳

二月에上이諫議大夫褚遂良다려問ᄒᆞ며曰舜이漆器를造ᄒᆞᆷ에諫ᄒᆞᄂᆞᆫ者十餘人이라ᄒᆞ니이엇지足히諫ᄒᆞᆯ고對ᄒᆞ며曰奢侈ᄒᆞᆫ者ᄂᆞᆫ危亡의本이라漆器를己치안이면將次金玉으로써ᄒᆞ리니忠臣이君을愛ᄒᆞᆷ에반다시그漸을防ᄒᆞᄂᆞ니가만일禍亂이已成ᄒᆞ면다시諫ᄒᆞᆯ바가無ᄒᆞ미니다上이曰然ᄒᆞ다朕이過가有ᄒᆞ면卿이ᄯᅩᄒᆞᆫ맛당히그漸을諫ᄒᆞ라朕이前世帝王을見ᄒᆞ니拒諫ᄒᆞᄂᆞᆫ者ㅣ만히云ᄒᆞ되임이ᄒᆞ얏다云ᄒᆞ며或은云ᄒᆞ되임이許ᄒᆞ얏다云ᄒᆞ야마참ᄂᆡ改ᄒᆞ지안이ᄒᆞ니如此ᄒᆞ고危亡이업고저ᄒᆞ니得ᄒᆞ랴

上이曰人主ㅣ惟有一心而攻之者ㅣ甚衆ᄒᆞ야或以勇力ᄒᆞ며或以辯口ᄒᆞ며或以諂諛ᄒᆞ며或以奸詐ᄒᆞ며或以嗜慾ᄒᆞ야輻湊攻之ᄒᆞ야各求自售ᄒᆞ야以取寵祿ᄒᆞᄂᆞ니人主ㅣ少懈而受其一이면則危亡이隨之ᄒᆞᄂᆞ니此其所以難也ㅣ니라

上이曰人主ㅣ오작一心이有ᄒᆞᆷ의攻ᄒᆞᄂᆞᆫ者ㅣ甚이衆ᄒᆞ야或은勇力으로써ᄒᆞ며或은辯口로써ᄒᆞ며或은諂諛로써ᄒᆞ며或은奸詐로써ᄒᆞ며或은嗜欲으로써ᄒᆞ야輻湊ᄒᆞ며攻ᄒᆞ야各히自售ᄒᆞᆷ을求ᄒᆞ야써寵祿을取ᄒᆞ나니人主ㅣ少懈ᄒᆞ야그一을受ᄒᆞ

면곳危亡이隨ᄒᆞ나니此ㅣ그써難ᄒᆞᆫ비니라

上이命圖畫功臣趙公長孫無忌와 趙郡元王孝恭과 萊成公杜如晦와 鄭文貞公魏徵과 梁公房玄齡과 申公高士廉과 鄂公尉遲敬德과 衛公李靖과 宋公蕭瑀와 褒忠壯公段志와 玄夔公劉弘基와 蔣忠公屈突通과 鄖節公殷開山(勛于分反)과 譙襄公柴紹와 邳襄公長孫順德과 鄖公張亮과 陳公侯君集과 郯襄公張公謹과 盧公程知節과 永興文懿公虞世南과 渝襄公劉政會와 莒公唐儉와 英公李世勣과 胡莊公秦叔寶等於凌煙閣ᄒᆞ다 (出本紀及忠義傳)

上이命ᄒᆞ야功臣趙公長孫無忌와趙郡元王孝恭과萊成公杜如晦와鄭文貞公魏徵과梁公房玄齡과申公高士廉과鄂公尉遲敬德과衛公李靖과宋公蕭徵와褒忠壯公段志와玄夔公劉弘基와蔣忠公屈突通과鄖節公殷開山과譙襄公柴紹와邳襄公長孫順德과鄖公張亮과陳公侯君集과郯襄公張公謹과盧公程知節과永興文懿公虞世南과渝襄公劉政會와莒公唐儉과英公李世勣과胡莊公秦叔寶等을凌煙閣에圖

畫ᄒᆞ다

初에太子承乾은喜聲色及畋獵ᄒᆞ야所爲ㅣ奢靡ᄒᆞ고魏王泰ᄂᆞᆫ多藝能ᄒᆞ야有寵於上이다潛有奪嫡之意ᄒᆞ여ᄂᆞᆯ上이意浸不懌ᄒᆞ고太子ㅣ亦知之ᄒᆞ야陰養刺客紇干承基等과及壯士百餘人ᄒᆞ야謀殺魏主泰러니會에承基ㅣ坐事繫獄ᄒᆞ야上變告ᄒᆞ되太子ㅣ謀反이라ᄒᆞᆫ대敕中書門下ᄒᆞ야參鞫之ᄒᆞ니反形이已具라廢爲庶人ᄒᆞ니侯君集等이皆伏誅ᄒᆞ다

初에太子承乾은聲色과밋畋獵을喜ᄒᆞ야ᄒᆞᄂᆞᆫ비奢靡ᄒᆞ고魏王泰ᄂᆞᆫ藝能이多ᄒᆞ야寵이有ᄒᆞᆫ지라가만이嫡을奪ᄒᆞᆯ志가有ᄒᆞ거ᄂᆞᆯ上이意에浸ᄒᆞ고懌지안이ᄒᆞ고太子ㅣ또ᄒᆞᆫ知ᄒᆞ야陰히刺客紇干承基等과밋壯士百餘人을養ᄒᆞ야魏王泰를殺ᄒᆞᆷ을謀ᄒᆞ엿더니會에承基가事에坐ᄒᆞ야獄에繫ᄒᆞ야變告를上ᄒᆞ되太子ㅣ反ᄒᆞᆷ을認ᄒᆞᆫ다ᄒᆞᆫ대中書門下를敕ᄒᆞ야參鞫ᄒᆞ니反形이이미具ᄒᆞᆫ지라廢ᄒᆞ야庶人을삼으니侯君集等이다誅에伏ᄒᆞ다

承乾이旣獲罪에魏王泰ㅣ日入侍奉ᄒᆞ니上이面許立爲太子ᄒᆞᆫ대

岑文本劉長ㅣ亦勸之호되長孫無忌ㅣ固請立晉王治어늘上이御
兩儀殿호야群臣을俱出호고獨留長孫無忌房玄齡李世勣褚遂
良호고謂曰我三子에一弟所爲ㅣ如是호니我心이誠無聊賴호라호고因
自投于牀이어늘無忌等이爭前扶抱호되上이又抽佩刀호야欲自刺여늘
遂良이奪刀호야以授晉王治호고無忌等이請上所欲호되上이曰我欲
立晉王이로다無忌ㅣ曰謹奉詔호리다上이悅호야立晉王治호야爲皇太子
호고上이謂侍臣曰我ㅣ若立泰則是는太子之位를可經營而得이니
自今으로太子ㅣ失道에藩王이窺伺者는皆兩棄之호고傳諸子孫호야
永爲後法호리라

承乾이이미罪를獲홈미魏王泰가日로入호야侍奉호니上이面으로太子立홈을許
호되岑文本과劉洎ㅣ또호勸호되長孫無忌ㅣ晉王治를立홈을固請거늘上이兩儀
殿에御호야羣臣을俱出호고홀노長孫無忌와房玄齡과李世勣과諸遂良을留호고
謂호야曰我ㅣ三子에一弟와所爲가是와如호니我이心이진실노聊賴홈이無호다

ᄒᆞ고因ᄒᆞ야ᄉᆞᄉᆞ로牀에投ᄒᆞ거ᄂᆞᆯ無忌의等이前을爭ᄒᆞ야扶抱ᄒᆞᆫᄃᆡ上이또佩刀를抽ᄒᆞ야ᄉᆞᄉᆞ로刺코자ᄒᆞ거ᄂᆞᆯ遂良이刀를奪ᄒᆞ야ᄡᅥ晉王治를授ᄒᆞ고無忌等이上의欲ᄒᆞᄂᆞᆫ바를請ᄒᆞᆫᄃᆡ上이曰我ㅣ晉王을立ᄒᆞ고져ᄒᆞ노라 無忌ㅣ曰삼가詔를奉ᄒᆞ리다上이悅ᄒᆞ야 晉王治를立ᄒᆞ야 皇太子를삼고 上이侍臣다려謂ᄒᆞ야 曰我ㅣ만일泰를立ᄒᆞᆫ則이ᄂᆞᆫ太子의位를可이經營ᄒᆞ야得ᄒᆞᆷ이니今으로自ᄒᆞ야太子ㅣ道를失ᄒᆞ야藩王이伺를窺ᄒᆞᄂᆞᆫ者ᄂᆞᆫ다兩棄ᄒᆞ고子孫에게傳ᄒᆞ야기리後法을삼으리라

詔以長孫無忌로 爲太子太師ᄒᆞ고 房玄齡으로 爲太傅ᄒᆞ고 蕭瑀로 爲太保ᄒᆞ고 李世勣으로 爲詹事ᄒᆞ니 瑀世勣이 竝同中書門下三品이라 同中書門下三品이 自始此러라

詔ᄒᆞ야長孫無忌로ᄡᅥ太子太師를삼고房玄齡으로太傅를삼고蕭瑀로太保를삼고李世勣으로詹事를삼으니아울너同히中書門下三品이라同中書門下三品이此로부터始ᄒᆞ더라

李世勣이 嘗得暴疾ᄒᆞ니 方에 云鬚灰ㅣ可療ᄂᆞᆫ대 上이 自翦鬚ᄒᆞ야 爲之和藥ᄒᆞ더니 世勣이 頓首出血泣謝ᄒᆞᆫ대 上이 曰爲社稷이오 非爲卿也ㅣ니

何謝之有오리

李世勣이일즉暴疾을得ᄒᆞᆫ지라方에云ᄒᆞ되鬚灰ㅣ可히療ᄒᆞ리라ᄒᆞ야ᄂᆞᆯ上이ᄉᆞᄉᆞ로鬚ᄅᆞᆯ翦ᄒᆞ야爲ᄒᆞ야藥에和ᄒᆞ엿더니世勣이頭ᄅᆞᆯ叩ᄒᆞ며血을出ᄒᆞ고泣謝ᄒᆞᆫ대上이曰社稷을爲홈이오卿을爲홈이아이니무삼謝가有ᄒᆞ리오

世勣이嘗侍宴ᄒᆞᆯ새上이從容謂曰朕이求羣臣에可託幼孤者ᄒᆞ되無以踰公이라公이往不負李密ᄒᆞ니豈負朕哉아世勣이流涕辭謝ᄒᆞ고齧指出血ᄒᆞ고因飮沉醉ᄒᆞ거ᄂᆞᆯ上이解御服ᄒᆞ야以覆之ᄒᆞ다

世勣이일즉이宴에侍ᄒᆞᆯ새上이從容이謂ᄒᆞ야曰朕이羣臣에可히幼孤ᄅᆞᆯ託ᄒᆞᆯ者ᄅᆞᆯ求호되ᄡᅥ公에셔踰ᄒᆞᆯ이가無ᄒᆞᆫ지라公이往에李密을負치아니ᄒᆞ엿ᄉᆞ니엇ㅣ朕을負ᄒᆞ랴世勣이涕ᄅᆞᆯ流ᄒᆞ며辭謝ᄒᆞ고指ᄅᆞᆯ齧ᄒᆞ야血을出ᄒᆞ고因ᄒᆞ야飮ᄒᆞ고沉醉ᄒᆞ거ᄂᆞᆯ上이御服을解ᄒᆞ야覆ᄒᆞ다

上이謂侍臣曰朕이自爲太子로遇物則誨之ᄒᆞ노라見其飯則曰汝知稼穡之艱難이면則常有斯飯矣오見其乘馬則曰汝知其勞不竭其力이면則常得乘之矣오見其乘舟則曰水所以載

舟ᄒᆞ며亦所以覆舟니民은猶水也오君은猶舟也라ᄒᆞ고見其息於木下則曰木從繩而正ᄒᆞ고君從諫而聖이라ᄒᆞ라

上이侍臣다려謂ᄒᆞ야曰朕이太子됨으로부터物을遇ᄒᆞᆫ則誨ᄒᆞ엿노라그飯을見ᄒᆞᆫ則曰汝가稼穡의艱難ᄒᆞᆷ을知ᄒᆞ면곳이飯이有ᄒᆞᆯ것이오그馬를乘ᄒᆞᆷ을見ᄒᆞᆫ則曰汝가그勞ᄒᆞ되그力을竭치아니ᄒᆞᆷ을知ᄒᆞ면곳乘ᄒᆞᆷ을常得ᄒᆞᆯ것이오그乘舟ᄒᆞᆷ을見ᄒᆞᆫ則曰水가써舟를載ᄒᆞᄂᆞᆫ비며ᄯᅩᄒᆞᆫ써舟를覆ᄒᆞᄂᆞᆫ비니民은水와猶ᄒᆞᆫ것이오君은舟와猶ᄒᆞᆫ것시라ᄒᆞ고그木下에息ᄒᆞᆷ을見ᄒᆞᆫ則曰木은繩을從ᄒᆞ고正ᄒᆞ고君은諫ᄒᆞᆷ을從ᄒᆞ야聖이라ᄒᆞ엿노라

初에魏徵이嘗薦杜正倫及侯君集ᄒᆞ되有宰相材라ᄒᆞ야請以君集爲僕射러니及正倫은以罪로黜ᄒᆞ고君集은謀反誅ᄒᆞ얀上이始疑徵이阿黨ᄒᆞ고又有言徵이自錄前後諫辭ᄒᆞ야以示起居郞褚遂良者어늘愈不悅ᄒᆞ야乃罷叔玉尙主ᄒᆞ고而踣所撰碑ᄒᆞ다

(玉叔)目徵子也
(踣)處也

初에魏徵이일즉이杜正倫과밋侯君集을薦호ᄃᆡ宰相의材가有ᄒᆞ다ᄒᆞ야請ᄒᆞ야君集으로써僕射를삼엇더니밋正倫은罪로써黜ᄒᆞ고君集은反ᄒᆞᆷ을謀ᄒᆞᆷ으로誅ᄒᆞ얀上이바로소徵이阿黨ᄒᆞᆷ을疑ᄒᆞ고ᄯᅩ徵이ᄉᆞᄉᆞ로前後의諫辭를錄ᄒᆞ야써起居郞褚

遂良을示ᄒᆞ얏더言ᄒᆞᄂᆞᆫ者ㅣ有ᄒᆞ거ᄂᆞᆯ上이悅치아니ᄒᆞ야이에叔玉尙主ᄅᆞᆯ罷ᄒᆞ고撰ᄒᆞᆫ바碑ᄅᆞᆯ踣ᄒᆞ다

初에上이謂監修國史房玄齡曰前世에史官所記ᄅᆞᆯ皆不令人主로見之ᄂᆞᆫ何也오對曰史官은不虛美ᄒᆞ며不隱惡ᄒᆞ니若人主ㅣ見之면必怒故로不敢獻也ㅣ니이다上이曰朕之爲心은異於前世帝王ᄒᆞ니欲自觀國史ᄂᆞᆫ知前日之惡ᄒᆞ야爲後來之戒ᄒᆞ리니公이可撰次以聞ᄒᆞ라

初에上이監修國史房玄齡ᄃᆞ려謂ᄒᆞ야曰前世에史官의記ᄒᆞᆫ바ᄅᆞᆯ다人主로ᄒᆞ야곰見치못ᄒᆞ게ᄒᆞᆷ은엇지ᄒᆞᆷ인고對ᄒᆞ야曰史官은虛美치아니ᄒᆞ며隱惡치아니ᄒᆞᄂᆞ니만일人主가見ᄒᆞ면반ᄃᆞ시怒ᄒᆞᆷ故로敢히獻치아니ᄒᆞᄂᆞ니이다上이曰朕의心을ᄒᆞᆷ은前世에帝王과異ᄒᆞ니스ᄉᆞ로國史ᄅᆞᆯ觀ᄒᆞ고자ᄒᆞᆷ은前日에惡ᄒᆞᆷ을知ᄒᆞ야後來에戒ᄅᆞᆯᄒᆞ리니公이可히次로撰ᄒᆞ야ᄡᅥ聞ᄒᆞ라

四日事殺建成事也

玄齡이乃與給事中許敬宗等으로刪爲高祖와今上實錄ᄒᆞ야書成에上之ᄒᆞᆫ대上이見書ᄒᆞ시니六月四日事ㅣ語多微隱ᄒᆞᆷ을謂玄齡曰

昔에周公은誅管蔡ᄒᆞ야以安周ᄒᆞ며季友ᄂᆞᆫ鴆叔牙ᄒᆞ야以存魯ᄒᆞ니朕之所爲도亦類是矣어늘史官이何諱焉고卽命削去浮辭ᄒᆞ고直書其事ᄒᆞ다

玄齡이이에給事中許敬宗으로더부러高祖와今上의實錄을删ᄒᆞ야書成에上ᄒᆞᆫᄃᆡ上이書를見ᄒᆞ실ᄉᆡ六月四日事가語ᄒᆞᆷ이微隱ᄒᆞᆷ이多ᄒᆞ거ᄂᆞᆯ玄齡다려謂ᄒᆞ야曰昔에周公은管蔡를誅ᄒᆞ야ᄡᅥ周를安ᄒᆞ며季友ᄂᆞᆫ叔牙를鴆ᄒᆞ야ᄡᅥ魯를存ᄒᆞ니朕의爲ᄒᆞᆫ바도ᄯᅩᄒᆞᆫ是와類ᄒᆞ거ᄂᆞᆯ史官이엇지諱ᄒᆞᄂᆞ고곳命ᄒᆞ야浮辭를削去ᄒᆞ고곳그事를書ᄒᆞ다

九月에新羅ㅣ遣使ᄒᆞ야(新羅東夷國其先辰韓種也在高句麗東南)言百濟ㅣ與高麗로連兵ᄒᆞ야謀絶新羅入朝之路라ᄒᆞ고乞兵救援ᄒᆞ다

九月에新羅에셔使를遣ᄒᆞ야言ᄒᆞ되百濟가高麗로더부러兵을連ᄒᆞ야謀ᄒᆞ여新羅入朝ᄒᆞᄂᆞᆫ路를絶ᄒᆞᆫ다ᄒᆞ고兵을乞ᄒᆞ며援을救ᄒᆞ다

(甲辰)十八年이라上이曰蓋蘇文이弑其君ᄒᆞ고殘虐其民ᄒᆞ고今에又違詔命ᄒᆞ니不可不討ㅣ라ᄒᆞᆫᄃᆡ褚遂良이曰陛下ㅣ指麾則中原이淸

晏ᄒᆞ고 顧盼則四夷讋服ᄒᆞ야(讋質涉反) 威望이 大矣어늘 今에 乃渡海ᄒᆞ야 遠征

小夷ᄒᆞ다가 萬一蹉跌이면 傷威損望ᄒᆞ리니 更興忿兵則安危難測矣리다

十八年이라 上이 曰蓋蘇文이 그 君을 弑ᄒᆞ고 그 民을 殘虐ᄒᆞ고 今에 ᄯᅩ 詔命을 違ᄒᆞ니 可이 討ᄒᆞ지 아니치 못ᄒᆞ리라 ᄒᆞᆫᄃᆡ 褚遂良이 曰陛下ㅣ 指麾ᄒᆞᆫ則 中原이 淸晏ᄒᆞ고 顧盼ᄒᆞᆫ則 四夷가 讋服ᄒᆞ야 威望이 大ᄒᆞ거늘 今에 이에 海를 渡ᄒᆞ야 멀니 小夷를 征ᄒᆞ다가 萬一에 蹉跌ᄒᆞ면 威가 傷ᄒᆞ고 望을 損ᄒᆞ리니 다시 忿兵을 興ᄒᆞᆫ則 安危를 測ᄒᆞ기 難ᄒᆞ리다

李世勣이 勸上伐之ᄒᆞ니 上이 欲自征高麗여늘 褚遂良이 上疏諫ᄒᆞᆫᄃᆡ

上이 不聽ᄒᆞ다

李世勣이 上을 勸ᄒᆞ야 伐ᄒᆞ라 ᄒᆞ니 上이 ᄉᆞᄉᆞ로 高麗를 征ᄒᆞ고져 ᄒᆞ거ᄂᆞᆯ 褚遂良이 䟽를 上ᄒᆞᆫᄃᆡ 上이 聽치 아니ᄒᆞ다

上이 謂侍臣曰於今名將은 惟世勣道宗萬徹三人而已니 世勣道宗은 不能大勝ᄒᆞ며 亦不大敗어니와 萬徹은 非大勝則大敗矣라ᄒᆞ며라

上이侍臣다려謂ᄒᆞ야曰이제名將은오직世勣과道宗과萬徹三人ᄯᆞ름이니世勣과道宗은能히大勝치도못ᄒᆞ며ᄯᅩᄒᆞᆫ大敗ᄒᆞ지도아니ᄒᆞ려니와萬徹은大勝치아니ᄒᆞᆫ즉大敗ᄒᆞ리라ᄒᆞ더라

上이好文學而辯敏ᄒᆞ야羣臣이言事者를上이引古今ᄒᆞ야以折之ᄒᆞ니多不能對러라

上이文學을好ᄒᆞ고辯이敏ᄒᆞ야群臣이事를言ᄒᆞᄂᆞᆫ者를上이古와今을引ᄒᆞ야ᄡᅥ折ᄒᆞ니만히能히對치못ᄒᆞ더라

劉洎ㅣ上疏諫曰帝王之與凡庶와聖哲之與庸愚에上下懸絕이니是는知以至愚而對至聖ᄒᆞ며以極卑而對極尊ᄒᆞ야徒思自彊이나不可得也니陛下ㅣ降恩旨假慈顏ᄒᆞ야凝旒以聽其言ᄒᆞ고虛襟以納其說이라도(虛襟謂虛其襟懷不自滿假也)猶恐羣臣이未敢對敭이어든(敭余章反對答也敭通作揚答受天子之命而稱揚之)況動神機縱天辯ᄒᆞ야飾辭以折其理ᄒᆞ고引古以排其議ᄒᆞ니欲令凡庶로何階應答이니잇고且多記則損心ᄒᆞ고多語則損氣니ᄒᆞ心氣內損ᄒᆞ고形神이外勞ᄒᆞ면初雖不覺이나後必爲累ᄒᆞ니

飛白漢蔡邕所造

劉洎ㅣ疏를上ᄒᆞ야諫ᄒᆞ야曰帝王이凡庶와與ᄒᆞᄂᆞᆫ거와聖哲이庸愚로與ᄒᆞᆷ에上下가懸絶ᄒᆞ니이ᄂᆞᆫ至愚로써至聖을對ᄒᆞ며極卑로써極尊을對ᄒᆞᆷ을知ᄒᆞ야ᄒᆞᆫᄀᆞᆺ自彊ᄒᆞᆷ을思ᄒᆞ나可히得지못ᄒᆞᄂᆞ니陛下ㅣ恩旨를降ᄒᆞ야慈顔을假ᄒᆞ야旒를凝ᄒᆞ야써그言을聽ᄒᆞ고襟을虛ᄒᆞ야써그說을納ᄒᆞ드리도羣臣이敢히對敭치못ᄒᆞ거든ᄒᆞ믈며神機를動ᄒᆞ며天辯을縱ᄒᆞ야辭를飾ᄒᆞ야써그理를折ᄒᆞ고古를引ᄒᆞ야써그議를排ᄒᆞ니凡庶로ᄒᆞ야곰읏지階ᄒᆞ야應答고자ᄒᆞᆷ이닛고또ᄒᆞᆫ記ᄒᆞᆷ이多ᄒᆞᆫ則心이損ᄒᆞ고語ᄒᆞᆷ이多ᄒᆞᆫ則氣가損ᄒᆞ나니心氣가內로損ᄒᆞ고形神이外로勞ᄒᆞ면初에ᄂᆞᆫ비록覺지못ᄒᆞ나後에반다시累ᄒᆞᆷ이되리다

上이飛白笑之曰ㅣ飛白字體也白通作帛歸田錄曰凡飛白以點畫象物形惟點最難工 **非慮면無以臨下며非言이면無以述慮니比有談論이遂至煩多ᄒᆞ야輕物驕人이恐由玆道니形神心氣ㅣ非此爲勞라今聞讜言ᄒᆞ니虛懷以改호라**

上이飛白으로答ᄒᆞ야曰慮ᄒᆞᆷ이아니면써下를臨ᄒᆞ지못ᄒᆞ며言이아니면써慮를述ᄒᆞ지못ᄒᆞ나니比에談論이有ᄒᆞᆷ이煩多ᄒᆞᆷ을遂致ᄒᆞ야物을輕이ᄒᆞ고人을驕ᄒᆞᆷ이恐ᄒᆞ건ᄃᆡ玆道에由ᄒᆞᆷ이니形神心氣가此가아니면勞가되ᄂᆞᆫ지라今에讜言을드르니懷를虛ᄒᆞ여써改ᄒᆞ노라

八月에 上이 謂長孫無忌等曰 人若不自知其過니 卿이 可爲
朕하야 明言之하라 對曰 陛下에 武功文德을 臣等이 將順之不暇어든
又何過之可言이잇고 上이 曰 朕이 問公以己過어늘 公等이 乃曲相
諛說하니 (諛音臾諂也說讀曰悅) 朕이 欲面擧公等得失하야 以相戒而改之하노니 何如
오 皆拜謝하니 上이 曰 長孫無忌는 善避嫌疑하고 應物敏速하야 決斷
事理는 古人이 不過나 而總兵攻戰은 非其所長이오 高士廉은 涉
獵古今하야 心術明達하야 臨難에 不改節하고 當官에 無朋黨이나 所乏
者는 骨鯁規諫耳오 唐儉은 言辭ㅣ 辯捷하야 善和解人이나 事朕三
十年에 言無及於獻替하고 楊師道는 性行이 純和하야 自無愆違而
情實怯懦하야 緩急에 不可得力하고 岑文本은 性質이 敦厚하고 文章
이 華贍而持論을 恒據經遠하야 自當不負於物하고 劉洎는 性最堅
貞하야 有利益이나 然이나 其意尙然諾하야 私於朋友하고 馬周는 見事敏

速ᄒᆞ고 性甚貞正ᄒᆞ야 論量人物에 直道而言ᄒᆞ니 朕比任使에 多能稱意ᄒᆞ고 褚遂良은 學問이 稍長에 性亦堅正ᄒᆞ고 每寫忠誠ᄒᆞ야 親附於朕ᄒᆞ니 譬如飛鳥依人에 人自憐之ᄒᆞ니라 出無忌傳

八月에上이長孫無忌의等다려謂ᄒᆞ여曰人이스ᄉᆞ로그過를知ᄒᆞ지못ᄒᆞᆷ이苦ᄒᆞ니卿이可이朕을爲ᄒᆞ야明ᄒᆞ게言ᄒᆞ라對ᄒᆞ여曰陛下의武功과文德을臣等이장차順ᄒᆞ여도暇치못ᄒᆞ거늘ᄯᅩ何過를可이言ᄒᆞᆯ잇가上이曰朕이公의게己過로써問ᄒᆞᆷ은公等이이에曲ᄒᆞ야서로諛說ᄒᆞ게ᄒᆞ니朕이面으로公等의得失을擧ᄒᆞ야써서로戒ᄒᆞ야改ᄒᆞ게ᄒᆞ고져ᄒᆞ노니何如ᄒᆞᆫ고다拜謝ᄒᆞ니上이曰長孫無忌는善히嫌疑를避ᄒᆞ고物을應ᄒᆞᆷ이敏速ᄒᆞ야事理를決斷ᄒᆞᆷ은古人이過치못ᄒᆞ나兵을摠ᄒᆞ야攻戰ᄒᆞᆷ은그所長이안이오高士廉은古今을涉獵ᄒᆞ야心이점점明達ᄒᆞ야難을臨ᄒᆞᆷ에節을改치안이ᄒᆞ고官에當ᄒᆞᆷ의朋黨이無ᄒᆞ나乏ᄒᆞᆫ밧者는骨鯁規諫이오唐儉은言辭가辯捷ᄒᆞ야善히人을和解ᄒᆞ나朕을事ᄒᆞᆫ지三十年에言이獻替에及ᄒᆞᆷ이無ᄒᆞ고楊師道는性行이純和ᄒᆞ야스ᄉᆞ로愆違ᄒᆞᆷ이無ᄒᆞ의情은實노怯懦ᄒᆞ야緩急에可이力을得지못ᄒᆞ고岑文本은性質이敦厚ᄒᆞ고文章이華贍ᄒᆞᆷ의論을持ᄒᆞᆷ을항상經遠에據ᄒᆞ야物에負치아니ᄒᆞ고劉洎는性質이가장堅貞ᄒᆞ야利益이有ᄒᆞ나然ᄒᆞ나그意가오히려然諾ᄒᆞ야朋友에게私ᄒᆞ고馬周는事를見ᄒᆞᆷ에敏速ᄒᆞ고性이甚이貞正ᄒᆞ

야人物을論量홈에直道로言ᄒᆞ니朕이比에任使ᄒᆞ믹能히意에稱홈이多ᄒᆞ고褚遂
良은學問이稍長ᄒᆞ믹性이또ᄒᆞᆫ堅正ᄒᆞ고믹양忠誠을竭ᄒᆞ야朕에게親附ᄒᆞ니譬ᄒᆞ
건ᄃᆡᆫ飛鳥가人에게依ᄒᆞ믹人이스ᄉᆞ로憐홈과如ᄒᆞ니라

魏太祖曹操也

十二月에詔諸軍ᄒᆞ야分道擊高麗ᄒᆞ다

十二月에諸軍을詔ᄒᆞ야道를分ᄒᆞ여高麗를擊ᄒᆞ다

(乙巳)十九年이라正月에上이自將諸軍ᄒᆞ고發洛陽ᄒᆞ다

十九年이라正月에上이스ᄉᆞ로諸軍을將ᄒᆞ고洛陽을發ᄒᆞ다

二月에上이至鄴ᄒᆞ야自爲文祭魏太祖曰ㅣ臨危制變ᄒᆞ고料敵設奇ᄒᆞ니一將之智는有餘ᄒᆞ고萬乘之才는不足이로다

二月에上이鄴에至ᄒᆞ야스ᄉᆞ로文을ᄒᆞ여魏太祖에祭ᄒᆞ여日危에臨ᄒᆞ여變을制ᄒᆞ고敵을料ᄒᆞ여奇를設ᄒᆞ니一將의智는餘가有ᄒᆞ고萬乘의才는足지못ᄒᆞ도다

三月에車駕ㅣ至定州ᄒᆞ니李世勣江夏王道宗이攻高麗蓋牟城拔之ᄒᆞ고世勣이進至遼東城下ᄒᆞ니高麗ㅣ大敗라上이自將數百騎ᄒᆞ고至遼東城下ᄒᆞ야見士卒이負土填塹ᄒᆞ고上이分其尤重者

ᄒᆞ야 於馬上에 持之니라 及克高麗에 以其城으로 爲遼州ᄒᆞ다

三月에車駕ㅣ定州에至ᄒᆞ니李世勣과江夏王道宗이高麗盖牟城을攻ᄒᆞ야拔ᄒᆞ고世勣이進ᄒᆞ여遼東城下에至ᄒᆞ니高麗ㅣ大敗ᄒᆞᆫ지라上이ᄉᆞᄉᆞ로數百騎를거나리고遼東城下에至ᄒᆞ야士卒이土를負ᄒᆞ야塡塹ᄒᆞᆷ을見ᄒᆞ고그尤重ᄒᆞᆫ者를分ᄒᆞ야馬上에셔持ᄒᆞ엿더니밋高麗를克ᄒᆞᆷ에그城으로써遼州를ᄉᆞᆷ다

進軍白巖城ᄒᆞ니 大將軍李思摩ㅣ 中弩矢여늘 上이 親爲之吮血ᄒᆞ니 將士ㅣ 聞之ᄒᆞ고 莫不感動이러라

軍을白巖城에進ᄒᆞ니大將軍李思摩ㅣ弩矢에中ᄒᆞ엿거늘上이親이爲ᄒᆞ여血을吮ᄒᆞ니將士ㅣ聞ᄒᆞ고感動치아니리업더라

丁未에 車駕ㅣ 發遼東ᄒᆞ야 戊辰에 至安市城ᄒᆞ야 進兵攻之ᄒᆞ니 高麗北部延壽惠眞이 (延壽惠眞幷姓高延壽主北部惠眞主南部) 帥兵十五萬ᄒᆞ고 救安市여늘 上이 敕諸軍ᄒᆞ야 齊出奮擊ᄒᆞ고 因命有司ᄒᆞ야 張受降幕於朝堂之側ᄒᆞ고 諸軍이 鼓譟並進ᄒᆞᆯ시 會에 有龍門人薛仁貴者ᄒᆞ야 大呼陷陳ᄒᆞ니 所向에 無敵이라 高麗兵이 披靡여늘 大軍이 乘之ᄒᆞ니 高麗兵이 大潰ᄒᆞ다

丁未에車駕ㅣ遼東에셔發ᄒᆞ야戊辰에安市城에至ᄒᆞ야兵을進ᄒᆞ여攻ᄒᆞ니高麗北部延壽와惠眞이兵十五萬을帥ᄒᆞ고安市를救ᄒᆞ거ᄂᆞᆯ上이諸軍을敕ᄒᆞ야齊出ᄒᆞ여奮擊ᄒᆞ고因ᄒᆞ여有司를命ᄒᆞ야降을受ᄒᆞᄂᆞᆫ幕을朝堂側에張ᄒᆞ고諸軍이鼓譟幷進ᄒᆞᆯ시會에龍門人薛仁貴란者ㅣ有ᄒᆞ야大呼ᄒᆞ여陳을陷ᄒᆞ니向ᄒᆞᄂᆞᆫ바에敵이無ᄒᆞᆫ지라高麗兵이披靡ᄒᆞ거ᄂᆞᆯ大軍이乘ᄒᆞ니高麗兵이大潰ᄒᆞ다

己未에延壽惠眞이帥其衆三萬六千八百人降ᄒᆞ니高麗擧國이大駭라後에黃城銀城이皆自拔遁去ᄒᆞ니數百里에無復人煙이러라

己未에延壽와惠眞이그무리三萬六千八百人을帥ᄒᆞ여降ᄒᆞ니高麗에擧國이大駭ᄒᆞᄂᆞᆫ지라後에黃城과銀城이다ᄉᆞᄉᆞ로拔ᄒᆞ여遁去ᄒᆞ니數百里에다시人煙이無ᄒᆞ더라

上이驛書로報太子ᄒᆞ고仍與高士廉等書曰朕이爲將如此ᄒᆞ니何如오ᄒᆞ고更名所幸山曰駐驛山이라ᄒᆞ다

上이驛書로太子에게報ᄒᆞ고仍ᄒᆞ여高士廉等에게書를與ᄒᆞ여曰朕이將됨이此와如ᄒᆞ니엇더ᄒᆞᆫ고다시幸ᄒᆞᆫ바山을名ᄒᆞ야曰駐驛山이라ᄒᆞ라

上이 以遼左ㅣ 早寒ᄒᆞ야 草枯水凍으로 人馬ㅣ 難久留ᄒᆞ고 且糧食이
將盡이라 敕班師ᄒᆞ실ᄉᆡ 上이 謂薛仁貴曰朕에 諸將이 皆老ᄒᆞ야 思得
新進驍勇者ᄒᆞ야 將之나 無如卿者ᄒᆞ니 朕이 不喜得遼東이오 喜得
卿也로다 出高麗傳

上이遼左ㅣ일즉寒ᄒᆞ야草가枯ᄒᆞ고水가凍ᄒᆞᆷ으로써人과馬가久留ᄒᆞ기難ᄒᆞ고ᄯᅩ
ᄒᆞᆫ糧食이將찻盡ᄒᆞᆫ지라敕ᄒᆞ여師ᄅᆞᆯ班ᄒᆞ실ᄉᆡ上이薛仁貴다려謂ᄒᆞ여曰朕의諸將이
다老ᄒᆞ야新進驍勇ᄒᆞᆫ者ᄅᆞᆯ得ᄒᆞ야將ᄒᆞᆷ을思ᄒᆞ나卿과如ᄒᆞᆫ者ㅣ無ᄒᆞ니朕이遼東을
得ᄒᆞᆷ을喜치안이ᄒᆞ고卿을得ᄒᆞᆷ을喜ᄒᆞ노라

上이 以遼左에 不能成功으로 深悔之ᄒᆞ야 歎曰魏徵이 若在면
不使朕으로 有是行也ㅣ라ᄒᆞ고 乃馳驛ᄒᆞ야 祀徵以少牢ᄒᆞ고 復立所製
碑ᄒᆞ다 出本傳

上이遼左에셔能히功을成치못ᄒᆞᆷ으로써深히悔ᄒᆞ야歎ᄒᆞ여曰魏徵이만일在ᄒᆞ얏
시면朕으로ᄒᆞ여곰是行이有치안케ᄒᆞ엿스리라ᄒᆞ고이에馳驛ᄒᆞ야徵을少牢로써
祀ᄒᆞ고다시製ᄒᆞᆫ바碑ᄅᆞᆯ立ᄒᆞ다

上皇並列 謂伏羲三皇之最先者故曰上皇

(丙午)二十年이라三月己巳에車駕ㅣ還京師ᄒᆞ니江夏王道宗薛萬徹等이招論敕勒諸部ᄒᆞ니其酋長이皆喜ᄒᆞ야頓首請入朝어늘上이大喜ᄒᆞ야詔以戎狄은與天地俱生이라上皇이並列ᄒᆞ야流殃構禍ᄒᆞ시니乃自運初로朕이聊命偏師ᄒᆞ야遂擒頡利ᄒᆞ고始弘廟略ᄒᆞ고已滅延陁ᄒᆞ니鐵勒百餘萬戶ㅣ散處北溟이러니遠遣使人ᄒᆞ야委身內屬ᄒᆞ고請同編列ᄒᆞ야並爲州郡ᄒᆞ니混元以降으로殊未前聞이니宜備禮告廟ᄒᆞ고仍頒示普天ᄒᆞ라

二十年이라三月己巳에車駕ㅣ京師에還ᄒᆞ니江夏王道宗과薛萬徹의等이招論ᄒᆞ야諸部를敕勒ᄒᆞ니그酋長이다喜ᄒᆞ야首을頓ᄒᆞ고入朝ᄒᆞ기를請ᄒᆞ거늘上이大喜ᄒᆞ야詔ᄒᆞ야써戎狄은天地로俱生ᄒᆞᆫ지라上皇이並列ᄒᆞ야殃을流ᄒᆞ며禍를構ᄒᆞ니이에運初로부터朕이偏師를命ᄒᆞ야드듸여頡利를擒ᄒᆞ고비로소廟略을弘히ᄒᆞ야임이延陁를滅ᄒᆞ니鉄勒百餘萬戶ㅣ散ᄒᆞ여北溟에處ᄒᆞ더니使人을遠遣ᄒᆞ야身을委ᄒᆞ여內로屬ᄒᆞ고ᄒᆞᆫ가지로編列ᄒᆞᆷ을請ᄒᆞ야並ᄒᆞ여州郡이되니混元써降ᄒᆞᆷ으로ᄌᆞ못前聞치못ᄒᆞᆷ이니맛당이禮를備ᄒᆞ여廟에告ᄒᆞ고仍ᄒᆞ여普天에頒示ᄒᆞ

라

九月에 車駕ㅣ 幸靈州ᄒᆞ야 敕勒諸部ᄒᆞ니 相繼詣靈州者ㅣ 數千人이라 上이 爲詩序其事曰雪恥酬百王이오 除兇報千古라 公卿이 請勒石於靈州어ᄂᆞᆯ 從之ᄒᆞ다

九月에 車駕ㅣ 靈州에 幸ᄒᆞ야 諸部를 敕勒ᄒᆞ니 서로 繼ᄒᆞ여 靈州에 詣ᄒᆞᄂᆞᆫ 者ㅣ 數千人이라 上이 詩를 ᄒᆞ여 그 事를 序ᄒᆞ여 曰 恥를 雪ᄒᆞ야 百王을 酬ᄒᆞ엿고 兇을 除ᄒᆞ야 千古에 報ᄒᆞ엿도다 公卿이 靈州에 勒石홈을 請ᄒᆞ거ᄂᆞᆯ 從ᄒᆞ다

蕭瑀의 性이 狷介ᄒᆞ야 (狷吉掾反) 與同僚로 多不合이러니 嘗言於上曰房玄齡이 與中書門下衆臣으로 朋黨不忠ᄒᆞ고 執權膠固ᄒᆞ되 陛下ㅣ 不詳知ᄂᆞᆫ 但未反耳니다 上이 曰卿言이 得無太甚가 人君이 選賢才ᄒᆞ야 以爲股肱心膂ᄒᆞ고 常推誠任之오 人不可以求備라 必捨其所短ᄒᆞ고 取其所長이니 朕雖不能聰明이나 何至頓迷臧否ㅣ 乃至於是아

蕭瑀의性이狷介ᄒᆞ야同僚로더부러不合함이多하더니일즉上의게言하여曰房玄齡이中書門下衆臣으로더부러朋黨不忠ᄒᆞ고權을執ᄒᆞ야膠固호ᄃᆡ陛下ㅣ詳知치못함은但히反치아니함이니다上이曰卿의言이실어금太甚함이無한가人君이賢才를選ᄒᆞ야써股肱心膂을숨고항상誠을推ᄒᆞ야任할것이오人은可이써求備치못ᄒᆞᆫ지라그短한바를捨ᄒᆞ고그長ᄒᆞᆫ바를取ᄒᆞ나니朕이비록能히聰明치못ᄒᆞ나읏지臧否에頓迷함에至함이이에是에至ᄒᆞ랴

上이謂長孫無忌曰今日은吾生日이라世俗이皆爲樂호되在朕ᄒᆞ야翻成傷感이라今에君臨天下ᄒᆞ고富有四海로되而承歡膝下를(孝經云親生之膝下 注膝下謂孩幼時)**永不可得ᄒᆞ니此는子路所以有負米之恨也오**(子路曰昔者由也事二親之時常食藜藿之實爲親負米於百里之外親沒之後南遊楚從車百乘積粟萬鍾欲食藜藿爲親負米不可得也)**詩云哀哀父母여生我劬勞ㅣ라ᄒᆞ니奈何以劬勞之日로更爲宴樂乎아**

上이長孫無忌다려謂ᄒᆞ여曰今日은吾의生日이라世俗이다樂ᄒᆞ다호ᄃᆡ朕에在ᄒᆞ야翻ᄒᆞ여傷感함을成ᄒᆞᆫ지라今에天下를君臨ᄒᆞ고四海를富有호ᄃᆡ承歡膝下를永히可이得지못ᄒᆞ니此는子路의써負米의恨이有ᄒᆞᆫ비오時에云호ᄃᆡ哀哀ᄒᆞ다父母여我를生하기劬勞ᄒᆞ엿도다ᄒᆞ니奈何로劬勞의日로써다시宴樂을할야

房玄齡이 嘗以微譴으로 歸第라 褚遂良이 上疏ᄒᆞ야 以爲玄齡이 自義旗之始로 翼贊聖功ᄒᆞ야 武德之季에 冒死決策ᄒᆞ고 貞觀之初에 選賢立政ᄒᆞ니 人臣之勤에 玄齡이 爲最ᄒᆞ니 不可退棄어늘 陛下ㅣ 若以其衰老면 亦當諷諭ᄒᆞ야 使之致仕ᄒᆞ야 退之以禮오 不可以淺鮮之過로 (鮮上聲 少也) 棄數十年之勳舊니다 上이 遽召出之러니 頃之에 玄齡이 復避位還家ᄒᆞ다

房玄齡이일즉微譴으로써第에歸ᄒᆞᆫ지라褚遂良이疏를上하여써호ᄃᆡ玄齡이義旗의始ᄒᆞᆷ으로부터聖功을翼贊ᄒᆞ야武德의季에死를冒ᄒᆞ여策을決ᄒᆞ고貞觀의初에賢을選ᄒᆞ며政을入ᄒᆞ니臣의勤에玄齡이最가되니可이退棄치못ᄒᆞᆯ것시어ᄂᆞᆯ陛下만일그衰老로써ᄒᆞ면ᄯᅩ맛당이諷諭ᄒᆞ야ᄒᆞ여곰仕를致케ᄒᆞ야退ᄒᆞᆷ을禮로써ᄒᆞᆯ것시오可이淺鮮의過로써數十年의勳舊를棄치못ᄒᆞᆯ것시니다上이급히召ᄒᆞ야出ᄒᆞ엿더니頃에玄齡이다시位를避ᄒᆞ고家에還ᄒᆞ다

久之에 上이 幸芙蓉園이어늘 玄齡이 敕子弟ᄒᆞ야 汛掃門庭 (汛思溍反灑也 掃先到反除也) 日乘輿ㅣ 且至ᄒᆞ리라 有頃에 上이 果幸其第ᄒᆞ야 因載玄齡還宮ᄒᆞ다

出本傳

오리미上이芙蓉園에幸ᄒᆞ거ᄂᆞᆯ玄齡이子弟를敕ᄒᆞ야門과庭을汛掃ᄒᆞ여曰乘輿ㅣ
또ᄒᆞᆫ至ᄒᆞ리라有頃에上이果히그第를幸ᄒᆞ야玄齡을載ᄒᆞ야宮으로還ᄒᆞ다

(丁未)二十一年이라上이幸翠微宮ᄒᆞ실새冀州進士張昌齡이獻翠微宮頌이어ᄂᆞᆯ上이愛其文ᄒᆞ야命於通事舍人裏供奉ᄒᆞ다 未命以官故命於通事舍人裏供奉若馬周起布衣詔令於監察御史裏行是也厥後專以裏行名官

二十一年이라上이翠微宮에幸ᄒᆞ실ᄉᆡ冀州進士張昌齡이翠微宮頌을獻ᄒᆞ거ᄂᆞᆯ上이
그文을愛ᄒᆞ야通事舍人에命ᄒᆞ야供奉을裡ᄒᆞ다

初에昌齡이與進士王公謹으로皆善屬文ᄒᆞ니名振京師라考功員外郎王師旦ㅣ知貢擧黜之ᄒᆞ니擧朝ㅣ莫曉其故러니及奏第에上이怪無二名人ᄒᆞ야詰之師旦ᄒᆞᆫ대對曰二人이雖有辭華나然이나其體輕薄ᄒᆞ야終不成令器ᄒᆞ리니若置之高第면恐後進이效之ᄒᆞ야傷陛下雅道ㅣ니다上이善其言이러라

初에 昌齡이 進士王公謹으로더부러다 屬文에 善ᄒᆞ니 名이 京師에 振ᄒᆞᄂᆞᆫ지라 考功員外郞王師旦ㅣ 貢擧를 知ᄒᆞ야 黜ᄒᆞ니 擧朝ㅣ 그 故를 曉ᄒᆞ지 못ᄒᆞ더니 밋 奏第ᄒᆞᆷ이 上이 二人의 名이 無ᄒᆞᆷ을 怪이 ᄒᆞ야 師旦를 詰ᄒᆞᆫᄃᆡ 對ᄒᆞ야 曰 二人이 비록 辭華가 有하ᄂᆞ 然하ᄂᆞ 그 體가 輕薄ᄒᆞ야 맛참ᄂᆡ ᄒᆞ여곰 器를 成치 못ᄒᆞ리니 만일 高第에 置ᄒᆞ면 後進이 效ᄒᆞ야 陛下의 雅道를 傷ᄒᆞᆯᄭᅡ 恐ᄒᆞ노이다 上이 그 言을 善히 여기더라

上이 御翠微殿ᄒᆞ야 問侍臣曰 自古로 帝王이 雖平定中夏ㅣ나 不能服戎狄이러니 朕才ㅣ 不逮古人而成功은 過之ᄒᆞ니 自不諭其故라 諸公이 各帥意ᄒᆞ야 以實言之ᄒᆞ라 羣臣이 皆稱ᄒᆞᄃᆡ 陛下ㅣ 功德이 如天生萬物ᄒᆞ야 不得而名言이니이다 上이 曰 不然ᄒᆞ다 朕所以能及此者ᄂᆞᆫ 止由五事耳라 自古로 帝王이 多疾勝己者ᄒᆞᄃᆡ 朕은 見人之善이면 若己有之ᄒᆞ고 人之行能이 不能兼備면 朕은 常棄其所短ᄒᆞ고 取其所長ᄒᆞ며 人主ㅣ 往往에 進賢則欲置諸懷ᄒᆞ고 退不肖則欲墜諸壑ᄒᆞᄃᆡ 朕은 見賢則敬之ᄒᆞ며 不肖者則憐之ᄒᆞ야 賢不肖를 各得其所ᄒᆞ고 人主ㅣ 多惡正直ᄒᆞ야 陰誅顯戮을 無代無之로ᄃᆡ 朕은 踐阼以來로 正直之

士ㅣ比肩於朝ᄒᆞ되未嘗黜責一人ᄒᆞ며自古로皆貴中華ᄒᆞ고賤夷狄ᄒᆞ되
朕은獨愛之如一故로其種落이皆依朕을如父母ㅣ라此五者ᄂᆞᆫ
朕所以成今日之功也ㅣ라ᄒᆞ고顧謂褚遂良曰公이嘗爲史官ᄒᆞ니如
朕言이得其實乎아對曰陛下盛德을不可勝載ㅣ어ᄂᆞᆯ獨以此五者
로自與ᄒᆞ시니蓋謙謙之志耳니이다

上이翠微殿에御ᄒᆞ야侍臣ᄃᆞ려謂ᄒᆞ야曰自古로帝와王이비록中夏ᄂᆞᆫ平定ᄒᆞᄂᆞ能
히戎狄은服지못ᄒᆞ더니朕의才ᄂᆞᆫ古人에逮치못ᄒᆞ나功을成ᄒᆞᆷ은過ᄒᆞ니ᄉᆞᄉᆞ로그
故ᄅᆞᆯ諭치못ᄒᆞᆯ지라諸公은各히意ᄅᆞᆯ飾ᄒᆞ야實노써言ᄒᆞ라群臣이다稱호ᄃᆡ陛下의
功德이天이萬物을生ᄒᆞᆷ과如ᄒᆞ야시러곰名言치못ᄒᆞ깃ᄂᆞ이다上이曰然치안이ᄒᆞ
다朕이써能히此에及ᄒᆞᆫ밧者ᄂᆞᆫ五事에止由ᄒᆞᆷ이니라自古로帝王이만히勝己者ᄅᆞᆯ
疾호ᄃᆡ朕은人의善을見ᄒᆞ면己에有ᄒᆞᆷ가치ᄒᆞ고人에行能이能히兼備치못ᄒᆞᆷ인즉
朕은ᄒᆞᆼ상그短ᄒᆞᆫ바ᄅᆞᆯ棄ᄒᆞ고그長ᄒᆞᆫ바ᄅᆞᆯ取ᄒᆞ며人主가잇다금賢을進ᄒᆞᆫ則懷에ᄃᆞ
置ᄒᆞ고자ᄒᆞ고不肖ᄅᆞᆯ退ᄒᆞᆫ則壑에ᄃᆞ墜ᄒᆞ고자호ᄃᆡ朕은賢을見ᄒᆞ면敬ᄒᆞ며不肖ᄒᆞᆫ
者면憐히ᄒᆞ야賢과不肖ᄅᆞᆯ各히其所ᄅᆞᆯ得케ᄒᆞ고人主ㅣ만히正直을惡ᄒᆞ야陰誅와
顯戮ᄒᆞᆷ을代로無ᄒᆞᆷ이無ᄒᆞ되朕은阼ᄅᆞᆯ踐ᄒᆞ야써來ᄒᆞᆷ으로正直의士가肩을朝에比

自與興許也

ᄒᆞ되일즉이一人도黜責ᄒᆞ지안이ᄒᆞ며古로自ᄒᆞ여다中華를貴이ᄒᆞ고夷狄을賤이ᄒᆞ되朕은ᄒᆞᆫ갈노愛ᄒᆞᆷ을一과如ᄒᆞᆫ故로그種落이다朕에게依ᄒᆞᆷ을父母갓치ᄒᆞᄂᆞᆫ지라이五者ᄂᆞᆫ朕이써今日의功을成ᄒᆞᆫ비라ᄒᆞ고顧ᄒᆞ여褚遂良다려謂ᄒᆞ여曰公이일즉이史官이되얏스니朕의言이그實을得ᄒᆞᆷ과갓ᄒᆞ냐對ᄒᆞ여曰陛下의盛德을可이勝載치못ᄒᆞ깃거ᄂᆞᆯᄒᆞᆯ노이五者로써自與ᄒᆞ시니되마謙謙의志로소이다

骨利幹이遣使入貢ᄒᆞ다骨利幹은於鐵勒諸部에爲最遠이라晝長夜短ᄒᆞ야日沒而後에天色正曛이라 曛許云反日入也 煮羊脚適熟이면日已復出矣러라

骨利幹이使를遣ᄒᆞ야貢을入ᄒᆞ다骨利幹은鐵勒諸部에가장遠ᄒᆞᆷ이되ᄂᆞᆫ지라晝은長ᄒᆞ고夜ᄂᆞᆫ短ᄒᆞ야日이沒ᄒᆞᆫ後에天色이正이曛ᄒᆞ다가羊胛을煮ᄒᆞ야마참熟ᄒᆞ면日이다시出ᄒᆞ더라

齊州人段志冲이上封事ᄒᆞ야請上致政於皇太子ᄒᆞᆫ대太子ㅣ聞之ᄒᆞ고憂形於色ᄒᆞ야發言流涕ᄒᆞ더니長孫無忌等이請誅志冲ᄒᆞᆫ대上이手詔曰五岳이陵霄ᄒᆞ고四海ㅣ亘地에納汙藏疾ᄒᆞ되無損高深이라志冲이欲以匹夫로解位天子ᄒᆞ니朕若有罪면是其直也오若其無

(哲王)哲 智也

罪면 是其狂也ㄴ 譬如尺霧ㅣ 障天에 不虧於大ᄒᆞ고 寸雲이 點日에 何損於明이리오

齊州人段志冲이 封事를 上ᄒᆞ야 上이 政을 皇太子의게 致홈을 請ᄒᆞᆫ딕 太子ㅣ 聞ᄒᆞ고 憂ㅣ 色에 形ᄒᆞ야 言을 發ᄒᆞ야 涕를 流ᄒᆞ거ᄂᆞᆯ 長孫無忌等이 志冲을 誅ᄒᆞ기 請ᄒᆞᆫ딕 上이 手詔ᄒᆞ여 曰五岳이 霄를 凌ᄒᆞ고 四海가 地에 亘홈에 汙를 納ᄒᆞ고 疾를 藏호딕 高深을 損홈이 無ᄒᆞᆫ지라 志冲이 匹夫로써 天子의 位를 解ᄒᆞ고자 ᄒᆞ니 만일 罪가 有ᄒᆞ면 是가 그 直홈이오 만일 그 罪가 無ᄒᆞ면 是가 狂홈이니 譬컨딕 尺霧가 天을 障홈애 大에 虧치 안이ᄒᆞ고 寸雲이 日를 點홈애 무엇이 明에 損ᄒᆞ리오

(戊申)二十二年이라 正月에 上이 作帝範十二編ᄒᆞ야 以賜太子曰 君은 體ㅣ 建親求賢ᄒᆞ며 審官納諫ᄒᆞ며 去讒戒盈ᄒᆞ며 崇儉賞罰ᄒᆞ며 務農閱武崇文이라ᄒᆞ고 且曰修身治國은 備在其中ᄒᆞ니 一旦不諱면 更無所言矣리라 又曰汝當更求古之哲王ᄒᆞ야 以爲師오 如吾ᄂᆞᆫ 不足法也니 夫取法於上이면 僅得其中이오 取法於中이면 不免爲下리라 吾ㅣ 居位已來로 不善이 多矣라 錦繡珠玉이 不絶於前ᄒᆞ며 宮室臺榭를

土高曰臺 有木曰榭 屢有興作ᄒᆞ며犬馬鷹隼을無遠不致ᄒᆞ고行遊四方에供頓煩勞ᄒᆞ니此는皆吾之深過니勿以爲是而法之ᄒᆞ라顧我ㅣ弘濟蒼生에其益이多ᄒᆞ고造肇區夏에其功이大ᄒᆞ며益多損少故로人不怨ᄒᆞ고功大過微故로業不墮나然이나比之盡美盡善이면固多愧矣라ㅣ汝無我之功勤而承我之富貴라竭力爲善則國家ㅣ僅安이오驕惰奢縱則一身도不保리라且成遲敗速者는國也며失易得難者는位也니可不惜哉며可不愼哉아

二十二年이라正月에上이帝範十二篇을作ᄒᆞ야써太子를賜ᄒᆞ여曰君은軆ㅣ親을建ᄒᆞ며賢을求ᄒᆞ며官을審ᄒᆞ며諫을納ᄒᆞ며讒을去ᄒᆞ며盈을戒ᄒᆞ며儉을崇ᄒᆞ며賞ᄒᆞ고罰ᄒᆞ며農을務ᄒᆞ며武를閱ᄒᆞ며文을崇홈이라ᄒᆞ고또曰身을修ᄒᆞ고國을治홈은그中에備在ᄒᆞ니一旦에諱치못ᄒᆞ면다시言홀바無ᄒᆞ리라또曰汝가맛당이다시古의哲王을求ᄒᆞ야써師를홀것시오吾와如ᄒᆞᆫ것은足히法홀게안이니뎌져法을上으로取ᄒᆞ면겨우그中을得홀것이오法을中으로取ᄒᆞ면下ㅣ됨을免치못홀이라吾가位에居ᄒᆞ야己來홈으로善치못홈이多ᄒᆞᆫ지라錦繡와珠玉은前에서絕치안이ᄒᆞ

며宮室과臺榭를자주興作홈이有ᄒᆞ며犬馬와鷹隼을遠히致치아니홈이옴고行ᄒᆞ
며四方에遊ᄒᆞ믜煩勞를供頓ᄒᆞ니此ᄂᆞᆫ다吾의深ᄒᆞᆫ過니ᄡᅥ是ᄒᆞ다ᄒᆞ고法하지말나願
ᄒᆞ건ᄃᆡ我ㅣ蒼生을弘濟홈에ᄀᆞ益홈이多ᄒᆞ고區夏를肇造홈의ᄀᆞ功이大ᄒᆞ며益은
多ᄒᆞ고損은少ᄒᆞᆫ故로人이怨치안이ᄒᆞ고功은大ᄒᆞ고過은微ᄒᆞᆫ故로業이墮치안이
ᄒᆞᄂᆞ然ᄒᆞᄂᆞ盡美盡善홈에比ᄒᆞ면진샹上愧홈이多ᄒᆞᆫ지라汝가我의功勤이無ᄒᆞ고
我의富貴를承ᄒᆞᆯ지라力을竭ᄒᆞ야善을ᄒᆞᆫ則國家ᄀᆡ우安ᄒᆞᆯ것이오驕惰奢縱ᄒᆞᆫ則一
身도保치못ᄒᆞ리라또成ᄒᆞ기ᄂᆞᆫ遲ᄒᆞ고敗하기ᄂᆞᆫ速ᄒᆞᆫ者ᄂᆞᆫ國이며失ᄒᆞ기ᄂᆞᆫ易ᄒᆞ고
得ᄒᆞ기ᄂᆞᆫ難ᄒᆞᆫ者ᄂᆞᆫ位니可이惜지아니ᄒᆞ며可이愼치아니ᄒᆞᆯ야

結骨은**其國人**이**皆長大**ᄒᆞ고**赤髮綠睛**이며**自古**로**未通中國**이러니**至是入朝**ᄒᆞ여**上**이**謂侍臣曰漢武帝**ㅣ**窮兵三十餘年**에**疲弊中國**ᄒᆞ고**所獲**이**無幾**ᄒᆞ니**豈如今日**에**綏之以德**ᄒᆞ야**使窮髮之地**로 地以草木爲髮 毛北方寒極草木不生故日窮髮 所謂不毛之地也出莊子傳 **盡爲編戶乎**아

結骨은其國人이다長大ᄒᆞ고髮이赤ᄒᆞ고睛이綠ᄒᆞᆫ지라古로自ᄒᆞ야中國에通치못
ᄒᆞ엿더니是에至ᄒᆞ야入朝ᄒᆞ거ᄂᆞᆯ上이侍臣ᄃᆞ려謂ᄒᆞ여曰漢武帝ㅣ兵을窮ᄒᆞᆫ지三
十餘年에中國을疲弊ᄒᆞ고獲ᄒᆞᆫ빈無幾ᄒᆞ니읏지今日에德으로ᄡᅥ綏케ᄒᆞ야窮髮의

地로하여금다編戶되는거와如ᄒᆞ라

上이營玉華宮ᄒᆞ셔務令儉約ᄒᆞ야惟所居殿은覆以瓦ᄒᆞ고餘皆茅茨ᄒᆞ다

上이玉華宮을營ᄒᆞ실시務ᄒᆞ여ᄒᆞ여금儉約ᄒᆞ게ᄒᆞ야오쥭居ᄒᆞ는바殿은瓦로써覆ᄒᆞ고餘는다茅茨로써ᄒᆞ다

徐惠ㅣ以上이東征高麗ᄒᆞ고西討龜玆(音丘慈 西域國)ᄒᆞ며翠微玉華에營繕이相繼ᄒᆞ고又服玩이頗華靡로上疏諫ᄒᆞ니其略에曰以有盡之農功으로塡無窮之巨浪ᄒᆞ며圖未獲之他衆이라가喪已成之我軍이라昔에秦皇은幷呑六國ᄒᆞ대反速危亾之基ᄒᆞ고晉武는奄有三方ᄒᆞ대翻成覆敗之業ᄒᆞ니豈非矜功恃大ᄒᆞ고棄德輕邦ᄒᆞ고圖利忘危ᄒᆞ고肆情縱欲之所致乎잇가又曰珍玩技巧는乃喪國之斧斤이오珠玉錦繡는實迷心之酖毒이라ᄒᆞ고又曰作法於儉이라도猶恐其奢여든作法於奢ᄒᆞ니何以制後잇고上이善其言ᄒᆞ야甚重禮之ᄒᆞ다

(三方)魏蜀吳鼎峙至晉混一

徐惠ㅣ上이東으로高麗를征ᄒᆞ고西으로龜玆를討ᄒᆞ며翠微와玉華에營繕이서로繼ᄒᆞ고ᄯᅩ服玩이자못華靡ᄒᆞᆷ으로써跡를上ᄒᆞ여諫ᄒᆞ니그略에曰盡ᄒᆞᆷ이有ᄒᆞᆫ農功으로써窮ᄒᆞᆷ이無ᄒᆞᆫ巨浪을塡ᄒᆞ며未獲의他衆을圖ᄒᆞ다가已成ᄒᆞᆫ我의軍을喪ᄒᆞᆫ지라昔에秦皇은六國을幷呑호ᄃᆡ反히危亡의機를速ᄒᆞ고晉武는믄득三方을有호ᄃᆡ翻ᄒᆞ야覆敗의業을成ᄒᆞ니웃지功을矜ᄒᆞ고大를恃ᄒᆞ고德을棄ᄒᆞ고邦을輕히ᄒᆞ고利를圖ᄒᆞ고危를忘ᄒᆞ고情을肆ᄒᆞ고欲을縱ᄒᆞ야政ᄒᆞᆫ바가안이닛가ᄯᅩ曰珍玩과技巧는이에喪國의斧斤이오珠玉과錦繡은實노迷心의酖毒이라ᄒᆞ고ᄯᅩ曰法을儉에作ᄒᆞ여도외이려그奢ᄒᆞᆷ을恐ᄒᆞ거든法을奢에作ᄒᆞ니웃지써後를制ᄒᆞ리잇고上이其言를善히ᄒᆞ야甚히重히禮ᄒᆞ다

初에左武衛將軍李君羨이直玄武門時에太白이屢晝見이러니太史ㅣ占云호ᄃᆡ女主ㅣ昌이라ᄒᆞ고民間에又傳秘記云호ᄃᆡ唐三世之後에女主武王이代有天下ᄒᆞ리라ᄒᆞ야ᄂᆞᆯ上이惡之러니會에與武臣으로宴宮中ᄒᆞᆯ새行酒에令使各言小名ᄒᆞ니君羨이自言名五娘이어ᄂᆞᆯ上이愕然ᄒᆞ고因笑曰何物女子ㅣ乃爾勇健고又以君羨으로官稱封邑이皆有武

字다ᄒᆞ야 深惡之더니 後에 出爲華州刺史ㅣ라 有布衣員道信ᄒᆞ야 (員音運 姓也) 自
言能絕粒ᄒᆞ고 曉佛法이라ᄒᆞ야ᄂᆞᆯ 君羨이 深敬信之ᄒᆞ야 數相從屛人語ᄒᆞ니
御史ㅣ 奏호되 君羨이 與妖人으로 交通ᄒᆞ야 謀不軌라ᄒᆞ니 君羨이 坐誅ᄒᆞ다

初에左武衛將軍李君羨이玄武門을直ᄒᆞᆯ時에太白이자주晝見ᄒᆞᄂᆞᆫ지라太史ㅣ占ᄒᆞ야云호되女主가民間에昌ᄒᆞ리라ᄒᆞ고또秘記에傳ᄒᆞ야云호되唐三世의後에女主武王이天下를代有ᄒᆞ리라ᄒᆞ야ᄂᆞᆯ上이惡ᄒᆞ더니會에武臣으로더부러宮中에宴ᄒᆞᆯ시酒를行ᄒᆞᆷ의令ᄒᆞ야ᄒᆞ여금小名을各言ᄒᆞ라ᄒᆞ니君羨이ᄉᆞᄉᆞ로名이五娘이라言ᄒᆞ거늘上이愕然ᄒᆞ고因ᄒᆞ여笑ᄒᆞ야曰何物女子가이에이勇健ᄒᆞ고또君羨으로써官稱과封邑이다武字가有ᄒᆞ다ᄒᆞ야深惡ᄒᆞ더니後에出ᄒᆞ야華州刺史가된지라布衣에員道信이有ᄒᆞ야ᄉᆞᄉᆞ로言호되能히粒을絕ᄒᆞ고佛法을曉ᄒᆞ얏다ᄒᆞ거늘君羨이깁히敬信ᄒᆞ야자쥬相從ᄒᆞᆷ에人을屛ᄒᆞ고語ᄒᆞ니御史ㅣ奏호되君羨이妖人으로더부러交通ᄒᆞ야不軌를謀ᄒᆞᆫ다ᄒᆞ니君羨이誅에坐ᄒᆞ다

上이 密問太史令李淳風호되 秘記所云이 信有之乎아 對曰臣이
仰稽天象ᄒᆞ고 俯察曆數ᄒᆞ니 其人이 已在陛下宮中호되 爲親屬ᄒᆞ니 自

今으로不過三十年이면當王天下ᄒᆞ야殺唐子孫殆盡ᄒᆞ리니其兆ㅣ既成矣니다上이曰疑似者를盡殺之何如오對曰天之所命은人不能違也오王者ᄂᆞᆫ不死니徒多殺無辜라且自今으로以往三十年이면其人이已老ᄒᆞ리니無幾頗有慈心이면爲禍或淺이오今에借使得而殺之면天이或生壯者ᄒᆞ야肆其怨毒이면陛下子孫이無遺類矣리이다

上이乃止ᄒᆞ다

上이太史令李淳風다려密問호ᄃᆡ秘記에云ᄒᆞᆫ바가信有ᄒᆞ냐對ᄒᆞ야曰臣이仰ᄒᆞ야天象을稽ᄒᆞ고俯ᄒᆞ야曆數를察ᄒᆞ니그人이임이陛下의宮中에在호ᄃᆡ親屬이되니自今으로三十年이不過ᄒᆞ면맛당이天下에王ᄒᆞ야唐의子孫을殺ᄒᆞ야殆이盡케ᄒᆞ리니그兆가이미成ᄒᆞ얏ᄂᆞ니다上이曰疑似ᄒᆞᆫ者를다殺홈이엇더ᄒᆞ고對ᄒᆞ여曰天의命ᄒᆞᆫ바ᄂᆞᆫ人이能히違치못ᄒᆞ고王ᄒᆞᄂᆞᆫ者ᄂᆞᆫ死치안ᄂᆞ니ᄒᆞᆫ갓無辜만多殺홀지라ᄯᅩ今으로더부러써三十年을往ᄒᆞ면그人이이미老ᄒᆞ리니거의자못慈心이有ᄒᆞ면禍됨이或淺ᄒᆞᆯ것이오今에비러使得ᄒᆞ야殺ᄒᆞ면天이或壯者를生ᄒᆞ야그怨毒을肆ᄒᆞ면陛下의子孫이遺類가無ᄒᆞ리이다

房玄齡이 疾篤ᄒᆞ야 謂諸子曰ㅣ 吾受主上厚恩ᄒᆞ야 今天下無事ᄒᆞ되
惟東征을 未已ᄒᆞ고 群臣이 莫敢諫ᄒᆞ니 吾ㅣ 知而不言ᄒᆞ면 死有餘責이리
ᄒᆞ고 乃上表諫以爲ᄒᆞ되 陛下ㅣ 每決一重囚에 必令三覆五奏ᄒᆞ며 進
素膳ᄒᆞ며 止音樂者ᄂᆞᆫ 重人命也ㅣ라 今에 驅無罪之士卒ᄒᆞ야 委之鋒
刃之下ᄒᆞ야 使肝腦로 塗地ᄒᆞ니 獨不足愍乎잇가 向使高麗로 違失臣
節이면 誅之可也오 侵擾百姓이면 滅之可也오 他日에 能爲中國患이면
除之可也어니와 今에 無此三條而坐煩中國ᄒᆞ야 內爲前代雪恥ᄒᆞ며
外爲新羅報讎ᄒᆞ니 豈非所存者ㅣ 小ᄒᆞ며 所損者ㅣ 大乎잇가 願陛下
ᄂᆞᆫ 許高麗自新ᄒᆞ고 儻蒙錄此ᄒᆞ면 死且不朽니다 上이 自臨視ᄒᆞ야 握手
與訣에 悲不自勝ᄒᆞ고 薨ᄒᆞ다

房玄齡이疾이篤ᄒᆞ야諸子ᄃᆞ려謂ᄒᆞ야曰吾ㅣ主上의厚恩을受ᄒᆞ야今에天下ㅣ無
事ᄒᆞ되오직東征을已치아니ᄒᆞ고群臣이諫치못ᄒᆞ니吾ㅣ知ᄒᆞ고言치아니ᄒᆞ면死
ᄒᆞ야도餘責이有ᄒᆞᆯ이라ᄒᆞ고이에表를上ᄒᆞ야諫ᄒᆞ야써ᄒᆞ되陛下ㅣ매양一重囚를

決ᄒᆞᆷ이ᄇᆞᆫᄃᆞ시ᄒᆞ며곰三覆五奏ᄒᆞ며素膳을進ᄒᆞ며音樂을止케ᄒᆞᄂᆞᆫ者ᄂᆞᆫ人命을重히ᄒᆞ심이라今에無罪의士卒을驅ᄒᆞ야鋒刃의下에委ᄒᆞ야肝腦로ᄒᆞ여곰地에塗케ᄒᆞ니ᄒᆞᆫ오足히愍치안이ᄒᆞ닛가向에高麗로ᄒᆞ여곰臣節을違失ᄒᆞ얏스면誅ᄒᆞᆷ이可ᄒᆞ고百姓을侵擾케ᄒᆞ면滅ᄒᆞᆷ이可ᄒᆞ고他日에能히中國에患이되깃스면除ᄒᆞᆷ이可ᄒᆞ거ᄂᆞᆯ今에이三條가無ᄒᆞ고坐ᄒᆞ야中國을煩케ᄒᆞᆷ은內로前代를爲ᄒᆞ야恥를雪ᄒᆞ며外로新羅를爲ᄒᆞ며報讎ᄒᆞᆷ이니엇지存ᄒᆞᆫ바者ㅣ小ᄒᆞ며損ᄒᆞᆫ바者ㅣ大ᄒᆞᆷ이안이닛가願컨ᄃᆡ陛下ᄂᆞᆫ高麗의自新ᄒᆞᆷ을許ᄒᆞ고ᄯᅩ蒙ᄒᆞ야此를錄ᄒᆞ면死ᄒᆞ야도ᄯᅩ朽치안이ᄒᆞ깃ᄂᆞ니다上이스ᄉᆞ로臨視ᄒᆞ야手를握ᄒᆞ고더부러訣ᄒᆞᆷ의悲慟ᄒᆞᆷ을스ᄉᆞ로勝치못ᄒᆞ고薨ᄒᆞ다

(己酉)二十三年이라夏四月에上이有疾ᄒᆞ야謂太子ㅣ曰李世勣이才智有餘ᄂᆞ然이나汝ㅣ與之無恩ᄒᆞ니恐不能懷服이니我今黜之ᄒᆞ리니若其即行이어든俟我死ᄒᆞ야汝於後에用爲僕射ᄒᆞ야親任之오若徘徊顧望이어든當殺之耳니라

二十三年이라夏四月에上이疾이有ᄒᆞ야太子ᄃᆞ려謂ᄒᆞ며曰李世勣이才智가餘ᄒᆞᆷ이有ᄒᆞ나然ᄒᆞ나汝가더부러恩이無ᄒᆞ니能히懷服지못ᄒᆞᆯ가恐ᄒᆞᆷ이라我ㅣ今에黜

ᄒ리니만일그即行ᄒ면我의死홈을待ᄒ야汝가後에用ᄒ야僕射를숨아親任홀것이오만일徘徊顧望ᄒ거든맛당이殺홀것이니라

五月에以同中書門下三品李世勣으로爲疊州都督ᄒ니 括地志疊州台州屬郡在隴右也 世勣이受詔ᄒ고不至家而去ᄒ다 出本傳

五月에東中書門下三品李世勣으로써疊州都督을숨으니世勣이詔를受ᄒ고家에至치아니ᄒ고去ᄒ다

上이苦利增劇ᄒ니太子ㅣ晝夜로不離側ᄒ고或累日不食ᄒ야髮有變白者ㅣ어늘上이泣曰ㅣ汝能孝愛ㅣ如此ᄒ니吾死何恨이리오丁卯에疾篤ᄒ야詔長孫無忌褚遂良ᄒ야入臥內謂之曰ㅣ太子의仁孝는公輩ㅣ所知니善輔導之ᄒ라ᄒ고謂太子曰ㅣ無忌遂良이在ᄒ니汝ㅣ勿憂天下ᄒ라ᄒ고又謂遂良曰無忌ㅣ盡忠於我ᄒ니我有天下에多其力也니我死어든勿令譖人으로間之ᄒ라ᄒ고仍令遂良으로草遺詔ᄒ더니有頃에上이崩커놀六月에太子ㅣ卽位ᄒ야罷遼東之役及諸土木之功ᄒ다

(利)痢通 洩瀉不禁曰痢

上이苦利홈이增劇ᄒᆞ니太子ㅣ晝夜로側에離치아니ᄒᆞ고或累日을食지못ᄒᆞ야髮이變白ᄒᆞᆫ者ㅣ有ᄒᆞ거늘上이泣ᄒᆞ야曰汝가能하孝愛홈이如此ᄒᆞ니吾ㅣ死ᄒᆞᆫ들무엇이恨이리오丁卯에疾이篤ᄒᆞ야長孫無忌와褚遂良을詔ᄒᆞ야臥內에入ᄒᆞ야謂ᄒᆞ야曰太子의仁孝홈은公輩의知ᄒᆞᄂᆞᆫ비니善히輔導ᄒᆞ라ᄒᆞ고太子다려謂ᄒᆞ야曰無忌와遂良이在ᄒᆞ니네天下를憂치말나ᄒᆞ고또遂良다려謂ᄒᆞ려曰無忌ㅣ忠을我에게盡ᄒᆞ니我가天下를有홈에그力이多ᄒᆞ니我가死ᄒᆞ거든讒人으로ᄒᆞ여금間치말게ᄒᆞ라ᄒᆞ고仍ᄒᆞ야遂良으로ᄒᆞ여금遺詔를草ᄒᆞ더니有頃에上이崩ᄒᆞ거늘六月에太子ㅣ位에即ᄒᆞ야遼東의役과밋모든土木의功을罷ᄒᆞ다

九月에以李世勣으로爲左僕射ᄒᆞ다

九月에李世勣으로써左僕射를ᄉᆞᆷ다

詳密註釋 **通鑑諺解卷之十一** 終

不許
複製

詳密註釋 **通鑑諺解** 卷之十一

重版 印刷●2001年 7月 1日
重版 發行●2001年 7月 5日

校 閱●明文堂編輯部

發行者●金 東 求

發行處●明 文 堂
서울특별시 종로구 안국동 17~8
대체 010041-31-001194
전화 (영) 733-3039, 734-4798
(편) 733-4748
FAX 734-9209
Homepage www.myungmundang.net
E-mail om@myungmundang.net
등록 1977. 11. 19. 제1~148호

값 6,000원
ISBN 89-7270-644-2 94910
ISBN 89-7270-049-5(전15권)